AF363334

דרך ה'

Dieu et Ses Voies

Comprendre la Réalité Transcendante de Dieu

Ramhal

Rabbi Moshe Hayim Luzzatto

Traduit par

Rav Raphael Afilalo

Hazohar555@gmail.com

kabbalah5.com - zoharvideos.com – ramchal.com

YouTube : Rav Raphael Afilalo – Zohar - Kabbalah

ISBN: 9782923241982

Dépôt légal, Bibliothèque et Archives nationales du Québec, 2024

Publications par Rav Raphael Afilalo

Anglais

Concepts of Kabbalah
Kabbalah Dictionary
Glossary of Kabbalah
Arizal Prince of the Kabbalists
160 Questions on the
Kabbalah
Kabbalah of the Arizal,
according to the Ramhal
Gates of Reincarnations

Français

Concepts de Kabbalah
Dictionnaire de Kabbalah
Glossaire de Kabbalah
Arizal Prince des
Kabbalistes
160 Questions sur la
Kabbalah
Kabbalah du Arizal, selon le
Ramhal
Portes des Réincarnations

Traductions des livres du Ramhal

God and His Ways
The Kabbalist and the
Philosopher
The Way of the Justs
The Wisdom of
Consciousness

Dieu et Ses Voies
Le Kabbaliste et le
Philosophe
La Voie des Justes
La Sagesse de la Conscience

בעברית

מושגי חכמת הקבלה
חשיבות לימוד הזהר
אריז''ל נשיא המקובלים
קיצור כתבי הארי
קבלה – תורה האמת
הזהר – כתבים מיסטיים של פנמיוה התורה

Préface du traducteur

Cette œuvre importante du Ramchal commence par élucider l'immense valeur et l'avantage de comprendre correctement la réalité en saisissant méthodiquement la configuration précise et l'interrelation de ses parties composites, plutôt que de la considérer hâtivement comme un tout indifférencié et homogène sans discernement de sa structure interne. Cette approche ordonnée permet de comprendre les choses en analysant soigneusement leurs éléments constitutifs et les connexions entre eux. Car même si l'on conceptualise l'existence de nombreuses parties, sans connaître les connexions authentiques et le positionnement approprié de ces éléments composants au sein de la structure intégrée, cela laisse l'intellect avide sans satisfaction.

Pour celui qui discerne correctement la nature précise et la position de chaque partie constituante selon ses divers aspects et relations, le sujet se dévoilera devant lui dans son intégralité complète. À mesure que la compréhension intégrée est atteinte, l'intellect saisira la beauté cohérente de sa composition structure.

Le texte élucide la valeur de l'analyse méthodique de la configuration précise de la réalité plutôt que de la voir comme un tout homogène. Cette approche ordonnée consiste à :

• Déterminer les classifications fondamentales (tout vs partie)
• Discerner les relations entre les éléments
• Reconnaître la nature absolue ou limitée des choses
• Comprendre les principes généraux englobant les détails

• Tracer la progression des détails

L'auteur a composé cette œuvre de manière systématique pour faciliter la compréhension des fondements de la foi et du service divin à travers quatre sections :

1. Fondements de l'Existence
2. Providence Divine
3. Prophétie
4. Service Approprié

L'objectif est que les concepts soient intégrés par le lecteur, fournissant une base pour connaître Dieu et la Torah. C'est pourquoi nos Sages conseillent : "On devrait toujours avoir des questions de Torah comme des principes généraux, pas des détails particuliers." Cependant, les principes généraux eux-mêmes doivent également être correctement compris dans l'étendue totale de leur domaine légitime et de leurs aspects d'applicabilité. Car aucun détail ou élément constitutif n'est vraiment négligeable ou intrinsèquement indigne d'intérêt, étant donné que rien n'existe entièrement en isolation ou sans conséquence à un certain niveau ou contexte. L'espoir ultime est qu'à travers ce voyage intellectuel de l'âme, chaque mot et concept contemplé éveillera chez le chercheur sincère une vision, une compréhension et un désir accrus de marcher au milieu des merveilles de la Sagesse infinie de Dieu, et conformément à Ses voies compatissantes. Le titre "Dieu et Ses Voies" reflète son accent sur ce chemin divin le plus important.

Rav Raphael Afilalo

La vie du Ramhal

Moshe Hayim Luzzatto, connu sous le nom de Ramhal, fut une figure énigmatique de l'histoire juive, un philosophe, un kabbaliste et un poète dont les œuvres ont eu un impact durable sur la pensée et la mystique juive. Né à Padoue, en Italie, le 26 avril 1707, dans une famille distinguée, Ramhal montra des capacités intellectuelles prodigieuses dès son plus jeune âge.

Son éducation était complète, imprégnée des deux mondes du savoir juif et séculaire, caractéristique de la Renaissance juive italienne. Versé dans la Torah, le Talmud et la littérature kabbalistique, ainsi que dans les sciences et la philosophie de son époque, cette formation influença son approche unique de la théologie et de l'éthique juives.

Le parcours intellectuel du Ramhal débuta par l'étude du Talmud et d'autres textes juifs classiques, mais il était particulièrement attiré par l'étude de la Kabbalah, la tradition mystique juive. À 20 ans, il avait déjà commencé à rédiger ses propres commentaires sur ces sujets. Son œuvre la plus célèbre, "Mesillat Yesharim" (La Voie des Justes), une exploration systématique de l'éthique juive et de la croissance spirituelle, est devenue un texte fondateur du mouvement Moussar, un courant juif éthique, éducatif et culturel.

Malgré son jeune âge, les œuvres du Ramhal, comme "Derech Hashem" (Dieu et Ses Voies), qui présente systématiquement les fondements de la foi juive, ont démontré une maîtrise de la loi juive et de la mystique que peu pouvaient égaler. Il a également écrit "Da'at Tevunot" - La Sagesse Ultime de la Conscience, (traduit par Rav Raphael Afilalo) un dialogue entre l'intellect et l'âme sur la nature de l'interaction de Dieu avec le monde, et le but de la Création et de l'existence humaine.

Cependant, l'engagement intense du Ramhal envers la Kabbalah, à une époque où le scepticisme envers le mysticisme était répandu après le faux mouvement messianique de Shabbetai Zvi, suscita des soupçons. Sa formation d'un groupe restreint de disciples pour étudier la Kabbalah entraîna de nouvelles controverses. En 1727, sous la pression communautaire en Italie, il accepta une interdiction d'enseigner la Kabbalah et cessa d'écrire des œuvres kabbalistiques. Cette période de conflit a été difficile pour le Ramhal, dont le seul désir était d'élever l'état spirituel de son peuple.

À la recherche d'un environnement plus propice à ses recherches kabbalistiques, le Ramhal quitta l'Italie en 1735, s'installant finalement à Amsterdam, où il espérait mener une vie de liberté spirituelle et intellectuelle. Il finança sa vie en travaillant comme tailleur de diamants et continua à écrire abondamment. La communauté juive d'Amsterdam étant un centre de publication, c'est là qu'il imprima bon nombre de ses œuvres.

La vie du Ramhal à Amsterdam lui a offert un certain répit par rapport aux controverses qui l'avaient suivi en Italie. Il continua à écrire abondamment, y compris des œuvres sur la grammaire hébraïque et la logique, comme "Sefer haHigayon" (Le Livre de la Logique), reflétant ses intérêts académiques plus larges.

Malgré sa vie relativement confortable à Amsterdam, le Ramhal aspirait intensément à la Terre d'Israël. En 1743, lui et sa famille ont entrepris le difficile voyage vers la Terre Sainte, s'installant à Acre. Tragiquement, son séjour là-bas a été de courte durée ; il décéda suite à une épidémie avec sa famille en 1746, à l'âge de 39 ans.

Le Ramhal a laissé un héritage littéraire englobant des traités philosophiques, des textes éthiques, des écrits kabbalistiques, de la poésie, des pièces de théâtre, et bien plus encore. Ses œuvres continuent d'être étudiées pour leur profondeur et leur compréhension de la condition humaine et du divin.

Peut-être l'aspect le plus durable de l'œuvre du Ramhal est sa capacité à synthétiser les aspects mystiques et rationnels du judaïsme. Il croyait qu'une compréhension de la structure divine de l'univers pouvait conduire à une vie religieuse profonde enracinée dans la conduite éthique. Ses œuvres ont été adoptées par différentes tendances de la pensée juive, du rationaliste au mystique, chacun trouvant dans ses écrits une source de connaissance et d'inspiration.

L'héritage du Ramhal se caractérise par un équilibre entre l'ésotérique et le pratique, le céleste et le terrestre. Sa vision de l'ascension spirituelle n'est pas celle du retrait du monde, mais de l'engagement avec lui, guidé par la Sagesse divine. Sa vie et son œuvre servent de pont, invitant chaque personne à traverser le fossé entre le fini et l'infini, entre le potentiel humain et divin.

Le Maggid de Mezritch dit : "Sa génération n'a pas mérité ce grand homme... Beaucoup parmi notre peuple, par manque de connaissance, ont prononcé sur cet homme saint des calomnies injustifiées."

Le Gaon de Vilna déclara que si le Ramhal était encore en vie, il aurait voyagé à pied en Italie pour apprendre de sa Sagesse.

Les contributions de Moshe Hayim Luzzatto à la pensée juive et ses enseignements sont maintenant universellement reconnus comme des trésors de la littérature juive, offrant un guide à ceux qui recherchent un chemin de droiture, d'intellect et d'introspection spirituelle. Le Ramhal reste un phare de guidance spirituelle et morale, dont l'influence se fait sentir des siècles après sa disparition.

Introduction par le Ramhal

L'avantage sublime de comprendre la réalité en saisissant la configuration précise et les relations de ses parties constitutives, plutôt que de la voir comme un tout indifférencié, est semblable à la différence entre observer un jardin ordonné, magnifiquement aménagé en lits, sentiers et rangées, par rapport à voir une broussaille chaotique ou une forêt touffue. Car même si l'on peut conceptualiser de nombreuses parties dont les connexions authentiques et la position au sein de la structure intégrée restent inconnues, cela laisse l'intellect qui aspire à une véritable compréhension chargé sans satisfaction. Chaque élément imaginé isolément suscite la curiosité quant à son achèvement dans l'ensemble, mais sa représentation déficiente l'empêche, troublant ainsi l'esprit et le tourmentant d'un désir insatisfait et d'une confusion incessante.

En contraste saisissant, celui qui discerne correctement la nature de chaque partie selon ses divers aspects voit le sujet dévoilé devant lui dans sa plénitude. L'intellect se réjouit alors, suivant où l'intérêt le conduit au sein de la beauté de sa composition, tandis que la compréhension cohérente est atteinte. Car il est essentiel de comprendre correctement n'importe quel sujet en reconnaissant d'abord son essence et en distinguant les paramètres. Ainsi, il faut d'abord déterminer la catégorisation fondamentale et la place de chaque élément au sein du cadre de la réalité. Les classifications primordiales sont les suivantes : tout ou partie ; généralité ou particulier ; cause ou effet ; transporteur ou élément ajouté. En conséquence, l'analyse initiale de tout sujet doit établir s'il s'agit d'une entité complète en soi ou d'un composant constitutif ; d'un principe universel ou d'un détail spécifique ; d'une cause originaire ou d'un résultat ; d'un substrat sous-jacent ou d'un attribut accumulé. Plus profondément, les aspects précis nécessitant un examen découlent de ses propriétés intrinsèques et de son rôle. S'il s'agit d'une partie, il faut identifier le tout qu'elle aide à composer. S'il s'agit d'un particulier, son appartenance à la généralité est recherchée. Les effets sont retracés jusqu'aux causes, et les causes jusqu'aux antécédents. Les éléments ajoutés sont examinés à la lumière de leur porteur. De plus, la nature de l'élément ajouté est examinée - qu'il soit précédent, suivant ou concomitant ; essentiel ou fortuit ; potentiel ou existant, etc. En l'absence de telles distinctions méthodiques, aucune conceptualisation bien formée n'est possible.

Le plus crucial est de déterminer la nature absolue ou délimitée de chaque élément, en reconnaissant clairement les paramètres pertinents. Car mal interpréter une entité en lui attribuant des qualités inappropriées ou la considérer hors contexte engendre la méprise. Bien que certains détails puissent être innombrables pour un intellect fini, on devrait s'efforcer de comprendre correctement les principes généraux essentiels. Puisque les généralités contiennent intrinsèquement d'innombrables détails, une compréhension adéquate d'un concept universel clé éclaire sur la vérité de myriades de détails qui sont inclus en lui, reconnaissant soudainement chacun d'eux qui devient connu grâce à son appartenance évidente à cette réalité plus vaste. Comme nos sages le conseillent : "On devrait toujours avoir des questions de Torah en tant que généralités, pas en tant que détails." Cependant, les principes généraux doivent également être correctement compris dans leur étendue totale et leurs aspects. Aucun détail n'est vraiment négligeable ou indigne de préoccupation, car rien n'existe sans conséquence à un certain niveau. Bien que certains détails puissent être sans importance dans certains contextes, leur impact ailleurs reste significatif, compte tenu de la nature tout-enveloppante de chaque vérité générale qui doit suffire à tous égards. Une attention minutieuse et une traçabilité précise de la progression à travers laquelle chaque détail provient des éléments précédents et se fond dans des effets ultérieurs sont donc impératives, afin d'acquérir une véritable Sagesse et une véritable illumination.

En conséquence, cher lecteur, j'ai composé cette œuvre pour élucider de manière définitive les fondements de la foi et du service, de manière systématique et claire, facilitant une compréhension authentique de ces principes essentiels sous tous leurs aspects, préservés de la confusion. Ici, leurs racines et leurs branches sont mises à nu, les interrelations sont expliquées, de manière à ce qu'elles prennent racine et soient absorbées dans votre cœur et votre âme, pour la perfection de votre esprit et de votre être. À partir de cette base, l'acquisition de la connaissance de Dieu à travers la Torah, et la compréhension de tous ses trésors cachés, se déploieront facilement grâce à la bénédiction divine.

J'ai travaillé avec diligence pour présenter les idées de manière convaincante, et avec un langage optimal pour exprimer au mieux les concepts que je souhaite partager. C'est pourquoi, cher ami, je vous demande également d'examiner attentivement cette œuvre, de vous accrocher à son orientation, et de ne pas négliger le moindre détail, pour ne pas laisser échapper quelque chose d'indispensable. Plongez profondément dans ses mots pour saisir chaque concept dans toute sa profondeur de sens, pour que ses vérités imprègnent votre conscience, et que vous trouviez la clarté tranquille que votre âme désire sûrement.

Le titre de ce texte, Derech Hashem, signifiant " Dieu et Ses Voies ", reflète son accent sur le chemin de la vérité divine révélé par les prophètes et dans la Torah, à travers lequel Il façonne la réalité et guide l'humanité. En conséquence, ce travail se déroule en quatre sections : d'abord, les fondements de l'existence ; ensuite, la providence de Dieu ; troisièmement, la prophétie ; et quatrièmement, le service approprié. Puissent chaque mot éveiller en vous la vision et la compréhension, pour que vous puissiez marcher parmi les merveilles de Sa Sagesse et de Ses voies. Par conséquent, mon frère, toi qui cherches sincèrement la proximité de Hashem, prends ceci comme ton guide, que Dieu soit avec toi. Car Il accorde des yeux discernants et des oreilles attentives à ceux qui les recherchent, leur permettant d'entrevoir les merveilles cachées enfouies dans chaque couche de sens de la Torah, et suscitant un désir toujours plus profond de connexion avec la Vérité infinie. Le titre "Dieu et Ses Voies" reflète son accent sur ce chemin divin le plus important..

Première Partie – Notions Fondamentales

Résumé de la Première Partie

Chapitre 1

L'existence de Dieu est singulière, nécessaire, indépendante et intrinsèquement parfaite au-delà de la compréhension. Son essence exclut les déficiences et est la vraie cause de tous les existants. Sa perfection est connue seulement par la tradition et l'investigation. En tant que racine de l'existence, les déficiences sont intrinsèquement absentes de Lui. Son existence unique est la cause de tous les autres existants. Les choses créées ne peuvent pas être inférées à son sujet car leur nature n'est pas équivalente. Six cognitions fondamentales sur l'existence de Dieu ont été établies : sa vérité, perfection, nécessité, indépendance, simplicité et unité.

Chapitre 2

Le but de la création est le don de la bonté. Pour être complet, les bénéficiaires doivent acquérir la bonté par leur libre arbitre, rendu possible en étant équilibrés entre la perfection et la déficience. Si Adam n'avait pas péché, il se serait perfectionné lui-même et le monde, méritant une joie éternelle. L'homme établit son niveau de perfection et de proximité avec Dieu à travers ses choix. Les dynamiques de la perfection et de la déficience existent pour que l'homme puisse obtenir l'une et supprimer l'autre par ses efforts.

Chapitre 3

L'homme a reçu une âme divine et un corps terrestre avec le libre choix entre le bien et le mal. Le péché d'Adam a ajouté des déficiences nécessitant la mort et la résurrection pour une perfection ultime. L'âme se renforce par de bonnes actions, se préparant à purifier le corps reconstruit et à s'attacher à Dieu. Deux états de l'homme sont examinés : avant et après le péché d'Adam, qui l'a grandement réduit. La mort et la résurrection ont été décrétées. L'âme bénéficie de la séparation, se préparant à purifier finalement le corps.

Chapitre 4

Bien qu'immergé dans la matière, l'homme peut atteindre la perfection par la Torah et les mitzvot qui perfectionnent l'homme et rectifient la création. Le service divin vise à renforcer l'âme et à parfaire le corps à travers des efforts mondiaux appropriés. L'étude de la Torah comme moyen principal permet à l'homme de tirer une influence divine basée sur la compréhension. L'orientation appropriée des efforts mondiaux élève l'homme de la matière elle-même.

Chapitre 5

La création comprend des royaumes spirituels et physiques interconnectés. Deux mouvements fondamentaux imprègnent la création : naturel de haut en bas et volontaire de bas en haut. Le mal existe pour que l'homme le surmonte par le libre arbitre, découlant du voilement divin. Sa révélation élimine le mal et perfectionne la création. Ce monde prépare pour le suivant à travers de bonnes actions. L'illumination divine versus le voilement sous-tendent les forces du bien et du mal.

Chapitre 1 - Le Créateur

Chaque homme d'Israël doit croire et savoir qu'il existe un premier Être, éternel et perpétuel. C'est Lui qui a amené et amène à l'existence tout ce qui existe, et Il est Dieu, béni soit-Il.

Il faut aussi savoir que la vérité de cet Être, béni soit-Il, est complètement insaisissable par quoi que ce soit d'autre que Lui. Seul Lui connaît cette vérité : qu'Il est un Être parfait en toutes manières de perfection, et qu'aucune déficience n'existe en Lui. Ces choses nous sont connues par la tradition des Patriarches et des Prophètes. Tout Israël les a atteintes lors de l'événement du Mont Sinaï et s'est fermement établi sur leur vérité. Ils les ont enseignées à leurs enfants à travers les générations, comme Moshe notre maître l'a commandé selon la parole du Tout-Puissant : "De peur que tu oublies les choses que tes yeux ont vues etc. Tu les feras connaître à tes enfants et petits-enfants."

Cependant, ces choses sont aussi prouvées vraies par l'investigation intellectuelle avec des preuves concluantes. Elles sont nécessaires, à partir des êtres existants et de leurs conceptions que nous voyons avec nos yeux, selon la science de la nature, la géométrie, l'astronomie et d'autres sciences. Des prémisses vraies sont prises pour démontrer ces matières vraies. Nous n'élaborerons pas cela maintenant, mais présenterons seulement les prémisses pour leur vérité. Ensuite, nous organiserons les choses clairement, selon la tradition en notre possession et ce qui est bien connu à travers notre nation.

Il faut savoir que l'existence de cet Être, béni soit-Il, est nécessaire. Il est complètement impossible pour Lui de ne pas exister. Son existence ne dépend de rien d'autre que de Lui-même, plutôt Son existence est nécessaire d'elle-même.

Il faut aussi savoir que l'existence de Dieu est simple, unique, sans aucune composition ou multiplicité. Toute perfection existe en Lui de manière simple. Par exemple, l'âme a de nombreux pouvoirs variés, chacun ayant sa propre définition. La mémoire, le désir et l'imagination sont des pouvoirs distincts, et aucun de ceux-ci n'entre du tout dans la définition de l'autre. Car la faculté de mémoire a une définition, le désir en a une autre, et le désir n'entre pas dans la définition de la mémoire, ni la mémoire dans la définition du désir, et ainsi de suite pour tous.

Cependant, Dieu ne possède pas de facultés diverses, même s'il existe en Lui des aspects variés - car Il désire réellement, est sage, puissant et parfait avec toute la perfection. Sa vérité est une question singulière qui inclut toute la perfection et l'absence de toutes les déficiences. Toute la perfection existe en Lui non pas comme quelque chose ajouté à Son essence, mais en raison de la vérité de Sa matière elle-même qui inclut toute la perfection.

Cette approche est extrêmement au-delà de notre compréhension et conception. Nous n'avons pratiquement aucun moyen de l'expliquer ni de mots pour l'exposer. Car notre conception et imagination englobent seulement des matières composées limitées par la nature créée par Lui. Mais dans les créations, les matières sont nombreuses et séparées. La vérité de Son existence est insaisissable. Rien ne peut être déduit sur le Créateur à partir de ce qui est observé dans les créations. Ceci aussi provient des matières connues par la tradition et prouvées vraies par l'investigation de la nature elle-même, dans ses lois et dynamiques.

Il doit également être connu que cet Être, béni soit-Il, doit nécessairement être unique et non multiple. Cela signifie qu'il est impossible que plusieurs existants, dont l'existence est nécessaire par eux-mêmes, existent. Si d'autres existants sont trouvés, ils n'existeront que parce qu'Il les veut en existence par Sa volonté. Tous les existants dépendraient de Lui et n'existeraient pas par eux-mêmes.

Il s'avère que ces cognitions fondamentales sont au nombre de six : la vérité de Son existence, Sa perfection, la nécessité de Son existence, Son indépendance, Sa simplicité et Son unité.

22

Chapitre 2 - Le But de la Création

Le but de la création est le don de bonté de Sa propre abondance, à quelque chose d'autre que Lui-même. Lorsque vous considérez cela, vous réalisez qu'Il seul, incarne la vraie perfection, complètement libre de toute déficience. Il n'y a pas d'autre forme de perfection qui puisse se comparer à la Sienne. Par conséquent, toute forme de perfection séparée de la Sienne n'est pas une véritable perfection. Elle est seulement qualifiée de perfection en comparaison avec quelque chose qui a plus de défauts. Cependant, la perfection absolue n'est rien d'autre que la Sienne propre. Ainsi, Son désir de donner de la bonté à un autre ne peut être satisfait en donnant juste un peu de bonté ; Il doit donner le bien ultime qu'une création peut recevoir. Puisqu'Il seul est l'incarnation du vrai bien, Son désir de faire le bien ne peut être satisfait qu'en permettant à un autre de prendre part à ce même bien inhérent, qui est le bien complet et vrai. Cependant, ce bien se trouve seulement en Lui.

Sa Sagesse a donc décrété que la réalisation de ce don devrait se faire en fournissant aux créatures la possibilité de s'attacher à Lui, dans la mesure de leurs capacités. Cela signifie que bien qu'il leur soit impossible d'atteindre le même niveau de perfection que le Sien, en se connectant avec Lui, ils peuvent atteindre un certain degré de cette perfection. Ils peuvent se délecter de cette vraie bonté, dans la mesure où ils en sont capables. Ainsi, l'intention de Dieu dans la création est qu'elle se réjouisse de Sa bonté, dans la mesure du possible.

Néanmoins, la Sagesse de Dieu a décrété que pour que le bien soit complet, celui qui s'en délecte doit prendre possession de ce bien lui-même. Cela signifie qu'il doit acquérir le bien grâce à ses propres efforts, et non simplement le recevoir par hasard. Cela ressemble à une certaine mesure à la perfection qui est inhérente de Dieu. Car Dieu est parfait par Sa nature même, sans aucune déficience. Son essence même exige la perfection et exclut tout défaut.

Cependant, rien à part Dieu ne peut posséder cette nature inhérente. Pour ressembler quelque peu à Lui, un être doit au moins s'efforcer d'atteindre la perfection par lui-même, ne pas l'avoir imposée sur lui, et éliminer toutes les déficiences potentielles. Par conséquent, Dieu a arrangé pour que la perfection et la déficience soient des résultats possibles. Il a créé des êtres avec le potentiel pour les deux, leur fournissant les moyens d'atteindre la perfection et d'éradiquer les déficiences par eux-mêmes. Ce faisant, ils ressemblent à leur Créateur aussi étroitement que possible, les rendant dignes de se s'attacher à Lui et de se délecter de Sa bonté. De plus, à mesure que ces êtres créés s'efforcent d'atteindre la perfection et ressemblent de plus en plus à leur Créateur, ils se rapprochent également de Lui. Ce processus continue jusqu'à ce que l'atteinte de la perfection et la connexion étroite avec Lui deviennent une seule et même chose.

Son existence est l'incarnation de la vraie perfection. Par conséquent, toute forme de perfection inhérente Lui appartient uniquement, comme une branche provient d'une racine. Bien que la branche puisse ne pas atteindre la perfection originale de la racine, elle est néanmoins une extension et un résultat de cette perfection initiale. Nous pouvons voir que la vraie perfection appartient uniquement à Son existence, et toute déficience est simplement la dissimulation de Sa bonté et le voilement de Sa présence. La révélation de Sa présence et la proximité avec Lui sont les causes fondamentales de toute perfection. Inversement, le voilement de Sa présence est la cause fondamentale de toutes les déficiences. Le degré de Sa présence détermine le niveau de perfection, et son absence résulte en déficience.

L'humanité se trouve équilibrée, influencée par la révélation ou la dissimulation de la présence de Dieu. En poursuivant activement la perfection et en l'acquérant grâce à leurs propres efforts, les humains s'attachent à Lui, qui est la source de toute perfection. Plus ils se perfectionnent, plus leur attachement et leur proximité avec Lui se renforcent. Finalement, la réalisation ultime de la perfection et la proximité ultime avec Lui deviennent synonymes, résultant dans la délectation de Sa bonté et la vraie perfection.

Pour que ces dynamiques de perfection et de déficience existent, et pour que l'humanité ait la capacité pour les deux ainsi que la capacité d'acquérir l'une et de supprimer l'autre et pour que les moyens vers cette perfection soient accessibles, il doit y avoir une myriade de détails dans la création. Ces détails sont interreliés jusqu'à ce que le but ultime soit pleinement réalisé. Cependant, la création destinée à ce grand but de connexion avec Dieu est considérée comme la création principale. Tout le reste de l'existence sert à aider cette création principale à atteindre son but ultime.

Spécifiquement, les humains représentent la création principale. Toutes les autres créations, qu'elles soient d'un ordre supérieur ou inférieur, existent uniquement pour aider l'humanité à accomplir son but spirituel complet dans tous ses aspects et exigences variés. Nous approfondirons ce sujet plus tard, si Dieu le veut. Pour l'instant, comprenez que la Sagesse et les traits de caractère vertueux sont des aspects de la perfection, destinés à raffiner l'humanité. La physicalité et l'imagination, en revanche, sont des aspects de la déficience, entre lesquels les humains naviguent pour atteindre leur propre état de perfection.

Chapitre 3 - L'Espèce Humaine

Nous avons déjà mentionné que l'homme est cette création créée pour s'attacher à Lui, et il est placé entre la perfection et la déficience, avec la capacité d'acquérir la perfection. Cependant, cela doit être à travers son propre choix et sa volonté. Car s'il était contraint dans ses actions à choisir certainement la perfection, au minimum, il ne serait pas véritablement appelé maître de sa perfection, puisqu'il ne la possède pas, comme il a été contraint par un autre de l'acquérir - et celui qui contraint serait son maître, et non lui. L'intention suprême ne serait pas accomplie.

Par conséquent, il était nécessaire que la question soit laissée à son choix, que son inclination soit équilibrée également vers les deux côtés, non contrainte vers l'un ou l'autre. Qu'il possède le pouvoir de choix, de choisir délibérément lequel d'entre eux il veut, avec la capacité entre ses mains d'acquérir celui qu'il veut. Par conséquent, l'homme a été créé avec une inclination au mal et une inclination au bien, et le choix est entre ses mains de s'incliner vers le côté qu'il veut.

Cependant, pour que la chose soit parfaitement accomplie, la Sagesse suprême a décrété que l'homme soit composé de deux opposés - une âme spirituelle et pure, et un corps matériel et trouble. Chacun d'eux serait naturellement incliné vers son côté - le corps vers la physicalité et l'âme vers l'intellect. Un combat se trouverait entre eux, de sorte que si l'âme l'emporte, elle et le corps avec elle deviennent élevés. Cette personne atteint la perfection prévue. Mais si l'homme permet au physique de le vaincre, le corps devient faible et son âme avec lui. Cette personne est inapte à la perfection et en devient éloignée, que le ciel en préserve. Pourtant l'homme a la capacité de subjuguer sa physicalité devant son intellect et son âme, et d'acquérir sa perfection, comme il a été dit.

Sa bonté a décrété qu'il y ait une limite à cet effort requis de l'homme pour atteindre la perfection. Une fois son effort terminé, il atteindrait sa perfection et reposerait dans sa joie éternelle. Par conséquent, deux périodes de temps ont été désignées - une, un temps de travail, et deux, un temps de réception de la récompense. L'attribut de la bonté est abondant, car le travail a un temps légiféré, selon ce que Sa Sagesse a décrété approprié pour lui. Cependant, recevoir une récompense n'a pas de fin ; il se délecte de plus en plus pour l'éternité dans la perfection qu'il a acquise.

Selon les temps qui changent, son état et d'autres incidents doivent changer. Car pendant tout le temps de l'effort, il doit être dans un état particulier qui contient toutes les conditions nécessaires à cet effort. Cela signifie que la bataille entre l'intellect et la matière est nécessaire. Rien n'empêche la matière de régner à son degré approprié, ni rien n'empêche l'intellect de régner de manière appropriée. Il n'y a également rien qui cause à la matière ou à l'intellect de se renforcer plus que ce qui est approprié.

Bien qu'une voie puisse sembler meilleure, elle n'est pas idéale selon la véritable intention pour l'homme, qui est d'atteindre la perfection par ses propres efforts. Pendant le temps de recevoir la récompense, il convient qu'il ait un état opposé à cela. À ce moment, si la matière régnait, elle n'aurait fait qu'obscurcir et empêcher l'âme de s'accrocher à Dieu. Par conséquent, il convient alors que seulement l'âme doive régner, et que la matière la suive complètement, afin qu'elle ne gêne en aucune façon. Ainsi, deux mondes ont été créés - ce monde et le suivant. La place de ce monde et son système naturel conviennent à l'homme pour tout le temps de l'effort. La place du monde suivant et son système lui conviennent pendant le temps de recevoir la récompense.

Ce qui doit encore être connu est que le but premier de l'espèce humaine n'est pas tel que nous le voyons maintenant, car un grand changement s'est produit avec le péché d'Adam Harishon, qui a altéré l'homme et le monde de leur état initial. Les détails de ce changement et de ses conséquences sont nombreux, et nous en discuterons plus tard, si Dieu le veut.

Ainsi, la discussion sur l'espèce humaine et ses sujets est double : avant le péché et après le péché, comme nous l'expliquerons plus loin, si Dieu le veut. Adam Harishon, au moment de sa création, était dans l'état que nous avons mentionné jusqu'à présent. Il était composé de deux parties opposées : l'âme et le corps. Il existait les matières du bien et du mal, et il se tenait en équilibre entre elles pour s'attacher à celle qu'il souhaitait. Il était convenable pour lui de choisir le bien, de renforcer son âme sur son corps et son intellect sur sa matière. Alors, il aurait été parfait immédiatement et se serait reposé dans sa complétude éternellement.

Vous devez savoir que bien que nous ne ressentions aucune action de l'âme dans le corps à part la vie et l'intellect, en vérité, l'âme peut purifier le corps et l'élever jusqu'à ce qu'il devienne digne de se délecter dans la complétude. Adam Harishon aurait réalisé cela s'il n'avait pas péché. Son âme aurait purifié son corps jusqu'à ce qu'il soit suffisamment purifié pour être établi dans la joie éternelle.

Lorsqu'il a péché, les choses ont changé de manière significative. Au départ, il y avait des déficiences dans la Création nécessaires pour qu'Adam Harishon soit dans l'état équilibré que nous avons mentionné et ait de la place pour gagner la complétude par le travail. Cependant, son péché a ajouté et multiplié les déficiences chez l'homme lui-même et dans toute la Création, rendant la rectification plus difficile. Au départ, il lui était facile de sortir de sa déficience inhérente et d'acquérir la complétude, car les choses étaient arrangées selon l'attribut de la bonté et de l'équité. Puisque l'homme n'était pas la cause du mal et de la déficience en lui, mais qu'il était créé avec celle-ci de manière inhérente, lorsqu'il se distancerait du mal et se tournerait vers le bien, il émergerait immédiatement de la déficience et acquerrait la complétude.

Cependant, par son péché, puisque la complétude était davantage dissimulée, les déficiences se sont multipliées, et il était la cause de son propre mal, il ne lui serait plus facile de revenir, de sortir de la déficience et d'acquérir la complétude.

L'effort nécessaire de sa part pour atteindre maintenant la complétude est doublé ; d'abord, lui et le monde doivent revenir à l'état dans lequel ils étaient avant le péché, et ensuite, s'élever de cet état à l'état de complétude auquel l'homme était destiné à monter.

De plus, l'attribut de justice de Dieu a décrété que ni l'homme ni le monde ne seraient capables d'atteindre la complétude tout en restant dans leur forme endommagée. Ils devraient nécessairement subir une destruction, signifiant la mort pour l'homme et la destruction pour tous les autres êtres corrompus. L'âme ne peut purifier le corps qu'après s'en être séparée, lorsque le corps meurt et se décompose. Ensuite, il sera reconstruit dans une nouvelle structure, l'âme y entrera et le purifiera. De même, le monde entier sera détruit de sa forme actuelle et sera reconstruit dans une autre forme adaptée à la complétude. Par conséquent, l'homme a été condamné à mourir et à revenir à la vie, ce qui est la question de la résurrection des morts. Le monde a été condamné à être détruit puis renouvelé, ce qui est ce que les sages ont dit, que le monde existe pendant six mille ans et est détruit, et à la fin des mille ans, Dieu renouvelle Son monde[1].

Selon ce principe, le moment de la véritable récompense, le moment de recevoir la récompense que nous avons mentionnée plus tôt, et son lieu se trouvent après la résurrection dans le monde renouvelé. Là, l'homme se délectera avec son corps et son âme, son corps purifié par son

---

[1] Sanhedrin 97a

âme et préparé par elle pour se délecter de cette bonté. Les gens seront différenciés là-bas, leur statut et leur niveau changeront selon l'étendue de leur labeur dans le monde des actes et selon combien ils se sont efforcés d'atteindre la complétude. Car selon cette mesure, l'âme elle-même brillera et illuminera le corps et le purifiera. Les deux acquerront de la préciosité et de l'élévation et seront dignes de s'approcher du Maître, béni soit-Il, rayonnant de la lumière de Son visage et se délectant de Sa véritable bonté.

Puisque la mort a été décrétée pour l'homme, cet être composite doit se séparer pour un temps, puis se réunir. Il est donc convenable qu'il y ait un lieu pour les deux parties séparées, adapté au but de cette séparation. Le corps doit retourner à ses éléments ; sa composition doit se décomposer et sa forme être détruite. Il est issu de la poussière, et à la poussière il retournera, comme Dieu l'a dit à l'homme[2]. Cependant, l'âme qui mérite par ses actes attend que les tâches nécessaires du corps soient complétées.

Cela inclut la décomposition et la destruction au début, restant dans la terre pour la durée requise, puis la reconstruction quand elle pourra réintégrer le corps. Elle a besoin d'un lieu intermédiaire, pour lequel le monde des âmes a été préparé. Les âmes méritoires entrent dans ce royaume après avoir quitté le corps, y résidant dans un lieu de repos jusqu'à ce que les processus nécessaires du corps se terminent. Pendant ce temps, ces âmes résident dans l'élévation et le délice, ressemblant à la

---

[2] Bereshit. 3,19

véritable récompense mentionnée plus tôt. Leur niveau dans le monde des âmes s'aligne avec leurs actes terrestres, qui déterminent également leur récompense ultérieure. Pourtant, la véritable perfection pour ceux qui la méritent ne sera pas atteinte par le corps ou l'âme seuls, mais à travers leur réunion après la résurrection.

Outre le fait d'être un lieu d'attente pour les âmes pendant l'absence du corps, le monde des âmes offre de grands avantages aux âmes et, par conséquent, au corps. Après le décret que l'homme atteint la complétude seulement après la mort, malgré ses actes dans la vie laissant entendre que sans la mort il n'atteindrait pas la perfection du monde, car le temps d'acquérir la complétude n'est que dans ce monde avant la mort, il s'ensuit que l'âme, tandis qu'elle est dans le corps, où le mal s'accroche inséparablement, reste sombre et terne. Par de bonnes actions, l'âme acquiert une précieuse perfection, mais elle ne peut briller comme elle le mérite ; tout reste supprimé jusqu'à ce qu'elle puisse émerger. L'obstacle ne réside pas dans l'âme, mais dans le corps ; le corps perd parce qu'il ne reçoit pas la purification qu'il devrait.

L'âme aussi perd, car elle est supprimée et ne peut pas diffuser sa radiance ou purifier le corps comme elle le devrait. Pourtant, cette action apporterait à l'âme une grande perfection, car la perfection réside dans l'amélioration d'un autre. Une création atteint la perfection en accomplissant son rôle prévu, et elle manque de perfection jusqu'à ce qu'elle le fasse.

Lorsque l'âme part pour le monde des âmes, elle brille selon ses actes. Là, elle renforce ce qui a été affaibli dans le corps, se préparant à ce qu'elle fera lors de la résurrection. Lorsqu'elle retournera dans le corps au moment approprié, elle pourra accomplir son action appropriée : la purification. Cependant, lorsque l'âme entre dans le corps d'un fœtus, même sans avoir atteint la perfection, sa préciosité innée et sa radiance seraient suffisantes pour purifier grandement la matière, dépassant le domaine humain. Mais le décret divin supprime et cache sa puissance, pour que cela ne se produise pas. Au lieu de cela, elle réside dans le corps, voilée, agissant dans la mesure souhaitée par la Sagesse divine. En accomplissant de bonnes actions, elle devrait se répandre et briller, purifiant le corps. Pourtant, selon le décret antérieur, cela ne peut se produire que dans le monde des âmes.

Lorsqu'elle retournera dans le corps après la résurrection, l'âme ne sera pas diminuée ou cachée, mais entrera avec toute sa radiance et sa puissance. Elle purifiera immensément le corps et immédiatement, sans le développement progressif nécessaire aux enfants. Cependant, cela n'exclut pas d'autres élévations ultérieures pour le corps et l'âme ensemble, adaptées à leur niveau. L'entrée immédiate de l'âme dans le corps après la résurrection rendra la personne précieuse et exaltée, son corps recevant une purification initiale et une élévation au-delà de tout ce qu'il a connu dans sa vie précédente. Cette purification, basée sur ses bonnes actions, le place au niveau qu'il mérite parmi ceux qui méritent la complétude. Le corps et l'âme monteront ensuite plus haut, adaptés à leur niveau.

Chapitre 4 - L'État de l'Homme dans ce Monde

Dans l'état de l'homme dans ce monde, deux questions seront examinées : la constitution de l'homme lui-même dans ses parties et sa composition, et le lieu où il est placé avec tout ce qui l'accompagne. Concernant l'homme lui-même, nous avons déjà mentionné comment il est un composite de deux opposés qui ont été combinés en lui, qui sont l'âme et le corps. Nous voyons clairement que sa matérialité et ses ramifications sont très fortes en lui, car immédiatement après sa naissance, il est presque entièrement matériel, avec l'intellect agissant seulement de manière minimale. À mesure qu'il grandit, l'intellect progresse et se renforce chez chaque personne selon ses affaires, mais en tout cas, la matérialité ne cesse de le régner et de le plier à ses demandes.

Plutôt, s'il grandit en Sagesse et l'étudie et se renforce dans ses chemins, il fera un effort pour conquérir sa nature, ne pas relâcher les rênes de ses désirs de sa main, et se renforcer pour suivre les chemins de l'intellect. Cependant, la dynamique interne de ces questions que nous voyons est la suivante : Dans l'existence de la matière et de son essence, la turbidité et l'obscurité se trouvent intrinsèquement ; c'est une existence extrêmement lointaine et opposée à ce qui s'approche vraiment de Dieu et qui s'attache à Sa sainteté. L'âme elle-même, bien qu'elle soit pure et suprême en elle-même, lorsqu'elle entre dans le corps matériel et trouble et s'y enchevêtre. Elle se trouve étrangère et repoussée de son but naturel à un but opposé, contrainte avec une force accablante, incapable d'émerger de celle-ci sauf en exerçant une force plus forte que la force qui la contraint.

Puisque le Maître, béni soit-Il, a décrété que cette combinaison du corps et de l'âme de l'homme ne se séparera jamais - car la séparation de la mort n'est que temporaire jusqu'à la résurrection des morts, mais après, l'âme doit retourner au corps, et les deux existeront éternellement ensemble. L'âme est contrainte de faire un effort et de se renforcer, affaiblissant progressivement la puissance des ténèbres matérielles, jusqu'à ce que le corps reste non obscurci. Alors, l'âme pourra s'élever avec le corps et briller de la lumière suprême, contrairement à la façon dont elle a été assombrie et avilie avec le corps initialement.

Le lieu où il est situé est également matériel et sombre, et tous les existants qui s'y trouvent sont matériels. L'occupation de l'homme avec lui et son contenu ne peut être que matérielle et corporelle puisqu'ils le sont tous. La propre constitution de l'homme et la composition de ses parties l'obligent à cette occupation, car il ne peut exister sans manger et boire et toutes les autres affaires naturelles, ni sans argent et biens pour atteindre ces besoins. Ainsi, il s'avère que, que ce soit à cause du corps de l'homme, de son monde, ou de son occupation, il est enfoncé dans la matière et plongé dans ses ténèbres. Il aura besoin d'un grand effort et d'une forte diligence pour s'élever de cet état à un état pur et élevé, étant contraint par sa nature à ces affaires matérielles.

Cependant, de la profondeur de Sa Sagesse suprême, Dieu a arrangé les choses de manière à ce que, bien que l'homme soit par nécessité plongé dans la matière comme nous l'avons écrit, il puisse encore atteindre la perfection et l'élévation à la pureté et aux hauteurs à partir de la matière elle-même et de l'occupation corporelle. Au contraire, son abaissement sera son exaltation, et de là il acquerra une préciosité et un honneur inégalés, en transformant l'obscurité en lumière et la pénombre en clarté. Dieu a établi des limites et des systèmes pour l'homme concernant son utilisation du monde et de ses créations, et l'intention qu'il devrait avoir avec eux. Lorsque l'homme les utilise dans ces limites et ces systèmes et avec cette intention que le Créateur a commandée, cette action même corporelle et matérielle devient une action de perfection, et à travers elle l'existence de la perfection et de la grande sublimité s'intensifie en l'homme, et il est élevé de son état humble et soulevé de celui-ci.

La Sagesse suprême a observée toutes les carences générales dans la nature humaine, et toutes les affaires de vraie valeur et de grandeur nécessaires pour que les humains soient dignes de s'unir avec Dieu et de se réjouir de Sa bonté. Pour aborder cela, Il a établi des systèmes et fixé des limites pour les humains. En adhérant à ceux-ci, les éléments nécessaires de la vraie grandeur que nous avons mentionnés seront intensifiés en eux, et tout ce qui entrave l'unité avec le Divin sera éliminé de leur vie.

Si la mort n'avait pas été décrétée sur les humains, comme nous l'avons précédemment noté, ces actions auraient fortifié l'âme et diminué l'obscurité du corps, finalement purifiant complètement le corps. Ensemble, l'âme et le corps auraient monté pour s'unir à Dieu. Mais depuis que le décret de la mort a été émis, cette purification ne se produit pas d'un coup. Cependant, l'âme se renforce, et le corps devient potentiellement purifié, avec une perfection réelle émergeant en temps voulu.

Ces systèmes et limites sont essentiellement les commandements positifs et négatifs de la Torah. Chaque commandement vise à inculquer et à améliorer un niveau de vraie grandeur en l'homme, et à éliminer les éléments d'obscurité et de déficience, soit en accomplissant un commandement positif, soit en s'abstenant d'un commandement négatif. Les détails de tous les commandements, ainsi que chaque commandement individuel, sont basés sur la vérité de l'existence humaine et les éléments nécessaires de la perfection, chacun dans ses propres conditions et exigences pour l'achèvement. La Sagesse, pleinement consciente de toutes les vérités, a tout observé et inclus tout ce qui était nécessaire dans les commandements qui nous ont été donnés dans Sa Torah.

L'essence du service divin est que les humains se tournent constamment vers leur Créateur, reconnaissant qu'ils ont été créés uniquement pour s'unir à Lui et sont placés dans ce monde pour surmonter leurs instincts et se soumettre à leur Créateur par l'intellect, contrairement aux désirs et tendances matérielles. Ils devraient diriger toutes leurs actions vers cet objectif ultime sans déviation. Cette conduite est double :

d'abord, ce qu'ils font parce que Dieu l'a commandé, et ensuite, ce qu'ils font par nécessité pour leurs besoins. Le premier concerne l'obéissance aux commandements de Dieu, et le second, l'utilisation responsable du monde pour répondre à leurs besoins. L'utilisation du monde doit être alignée avec la volonté de Dieu, en se concentrant sur la santé du corps et le maintien optimal de la vie, et non sur l'indulgence des désirs matériels. Le but est de préparer le corps comme un vaisseau pour le service de l'âme à son Créateur, sans aucun obstacle de sa non-préparation ou de sa faiblesse.

Lorsque les humains utilisent le monde de cette manière, cet acte même devient une perfection, acquérant une véritable valeur tout comme à travers l'accomplissement des commandements. Car cela nous est également commandé : prendre soin de nos corps correctement afin que nous puissions servir notre Créateur avec eux. Ainsi, nous élevons non seulement nous-mêmes, mais aussi le monde en l'utilisant pour aider dans notre service au Créateur.

L'amour et la révérence pour le Créateur sont ce que les humains doivent renforcer en eux-mêmes, en réfléchissant à la magnificence de Dieu et à l'insignifiance humaine. Cette humilité et ce désir de servir Dieu conduisent à une purification des aspects matériels et à une amélioration de la luminosité de l'âme, élevant les humains étape par étape jusqu'à ce qu'ils atteignent une proximité avec Lui.

Concernant l'étude de la Torah, Dieu l'a fournie comme le moyen le plus élevé de rapprocher les humains de Lui-même.

Elle implique deux aspects : la contemplation et la compréhension. Dans sa bonté, Dieu nous a donné une composition structurée de mots, qui composent la Torah et les livres des Prophètes. Ceux qui contemplent ces mots avec pureté et intention concentrée, visant à accomplir la volonté de Dieu, amélioreront grandement la suprême grandeur et la perfection en eux-mêmes. Ceux qui s'efforcent de comprendre les significations et les explications gagneront progressivement la perfection selon leurs efforts.

Plus encore, ceux qui pénètrent les profondeurs cachées et les secrets de ces textes inscriront dans leur âme un niveau profond de grandeur et de perfection. À travers ces engagements, non seulement les humains acquièrent la grandeur et la perfection pour eux-mêmes, mais ils élèvent et perfectionnent également l'existence de toute la création, spécifiquement à travers la Torah.

Le but intérieur de tous les commandements est de se rapprocher de Dieu et de briller de Sa lumière, tandis qu'éviter les transgressions est de prévenir l'éloignement de Lui. Telle est leur véritable intention. Cependant, il existe de nombreuses lois détaillées concernant celles-ci, liées aux complexités de la nature humaine et de la création, comme mentionné. Nous explorerons certains de ces éléments en détail plus tard, avec l'aide de Dieu.

Chapitre 5 - Physique et spirituel

Les composantes de toute la création se divisent en deux : physique et spirituel. Le physique est ce qui est perceptible par nos sens, et se subdivise en supérieur et inférieur. Le supérieur représente l'intégralité des corps célestes, c'est-à-dire les sphères et leurs étoiles. L'inférieur représente l'intégralité de ce qui se trouve dans le creux de la sphère inférieure, c'est-à-dire la terre, les eaux, l'air et tout ce qu'ils contiennent de corps perceptibles.

Le spirituel désigne les êtres créés dénués de physicalité, imperceptibles à nos sens, et se divise en deux types : les âmes et les séparés. Les âmes sont un type d'êtres spirituels créés destinés à entrer dans un corps, être contraints en son sein, s'y lier par un lien puissant, et réaliser diverses actions à différents moments.

Les Séparés sont un type d'êtres spirituels créés qui ne sont pas destinés à des corps, et se divisent en deux sortes : la première appelée Forces, la seconde Anges. Eux aussi ont de nombreux niveaux variés, et suivent des lois naturelles d'existence selon leurs niveaux et rangs, au point que nous pouvons en réalité les appeler comme nombreuses espèces du premier type, qui est le type angélique.

Cependant, on trouve une espèce d'être créé qui est comme un intermédiaire entre le spirituel et le physique, c'est-à-dire qu'il est vraiment imperceptible à nos sens, et qu'il n'est pas non plus contraint par les limitations du physique et ses lois. À cet égard, il est inexactement appelé spirituel. Mais il diffère dans sa nature du type angélique, bien qu'il lui ressemble à certains aspects, il a des lois et frontières particulières selon sa véritable existence. Cette espèce est appelée les Forces Maléfiques, l'espèce des démons. Cependant, elle se subdivise également en d'autres variétés, de sorte que l'espèce générale est comme une classe générale par rapport à elles, et elles en sont ses différentes espèces.

L'espèce humaine seule se distingue et se sépare, étant composée de deux genres de création complètement différents, qui sont l'âme supérieure et le corps inférieur, ce qui n'est pas trouvé dans aucune autre créature. Ici, il faut prendre garde à ne pas se tromper et penser que le cas des autres créatures vivantes est comme celui de l'homme, car l'âme des créatures vivantes n'est rien d'autre qu'une chose matérielle subtile, que l'on trouve aussi chez l'homme, dans l'aspect de son statut de créature vivante. Cependant, au-delà de tout cela, l'homme a une âme supérieure, qui est de son propre type de création, complètement séparée du corps, extrêmement élevée de celui-ci, qui vient et se lie à lui par décret divin, dans le but que nous avons mentionné dans les sections précédentes.

Les créations physiques nous sont connues, ainsi que leurs lois et ordonnances naturelles générales. Cependant, nous ne pouvons concevoir correctement les êtres spirituels, car ils dépassent notre imagination, et nous ne parlerons d'eux et de leurs affaires que selon la tradition que nous possédons. Or, l'un des grands principes fondamentaux que nous possédons dans ce domaine est que correspondant à tout ce qui se trouve dans les créations inférieures, il existe des forces séparées supérieures, dont émanent et surgissent les inférieures dans un certain ordre singulier d'émanation décrété par la Sagesse de Dieu. Ces forces sont les racines de ces créations inférieures, et les créations inférieures sont les branches et ramifications de ces forces, interconnectées comme les maillons d'une chaîne.

Nous avons aussi une tradition selon laquelle des administrateurs ont été nommés sur chaque objet et incident au sein de ces créations inférieures, parmi le type angélique que nous avons mentionné, dont le rôle est de maintenir cet objet ou incident dans l'existence inférieure telle qu'elle est, et de renouveler ce qui doit être renouvelé dans l'inférieur selon le décret suprême.

L'existence primaire du monde et son état véritable résident dans ces forces suprêmes, et ce qui se produit dans les physiques inférieurs est une conséquence de ce qui est en elles. Cela s'applique aussi bien à ce qui s'est produit au commencement de la création, qu'à ce qui se renouvelle avec le changement des temps. C'est-à-dire que selon ce qui a été créé de ces forces et le système dans lequel elles ont été arrangées et les frontières qui leur ont été données, il en a résulté ce qui a émané par la suite, selon la loi d'émanation que le Créateur a voulue. Selon ce qui se renouvelle et est renouvelé en elles, il en est de même de ce qui se renouvelle et est renouvelé dans l'inférieur. Cependant, l'existence, l'état, l'ordre et toutes les autres distinctions dans les forces se conforment à ce qui leur revient selon leur vraie nature. L'existence, l'état, l'ordre et tous les autres incidents dans l'inférieur émanent et se traduisent en ce qui leur revient selon leur vraie nature.

Par conséquent, le principe suggère que toutes les existences proviennent des forces suprêmes et culminent en bas. Tout ce qui est renouvelé commence en haut et finit en bas. Une exception à cette règle concerne le libre arbitre humain. L'univers a accordé aux humains la liberté de choisir entre le bien et le mal. Ce faisant, Il les a dotés du pouvoir d'influencer le monde et ses êtres en fonction de leurs choix.

Ainsi, deux mouvements généraux opposés se retrouvent dans le monde – le premier est naturellement contraint, le second est volitionnel. Le premier va de haut en bas, le second de bas en haut. Le contraint est le mouvement par lequel les inférieurs sont motivés par les forces suprêmes, et il va de haut en bas. Le volitionnel est ce que l'homme motive par son choix. Or, ce qu'il motive ne peut être rien d'autre que physique, car l'homme est physique et ses actions le sont aussi. Mais en raison de la connexion et de l'unification trouvées entre les forces suprêmes et le physique, lorsque le physique est motivé, il atteindra par conséquent la force suprême au-dessus de lui, et ce mouvement se trouve aller de bas en haut, à l'opposé du naturel contraint mentionné.

Deux mouvements fondamentaux sont identifiés dans le monde: le naturel contraint et le volontaire. Le premier est descendant, entraîné par les forces suprêmes. Le second est ascendant, initié par le choix humain. L'homme, étant physique, ne peut affecter que des entités physiques. Le lien entre le physique et le suprême signifie que quand le premier se meut, le second est impacté, créant un mouvement ascendant opposé au naturel descendant.

Pourtant, les actions humaines ne sont pas toutes volontaires ; certaines sont influencées par les décrets suprêmes de récompense ou de punition. Les actions dictées par ces décrets s'alignent avec le mouvement supérieur vers inférieur du monde, tandis que les actions volontaires amorcent un mouvement inférieur vers supérieur.

Dieu a ordonné que toutes les questions soumises au choix humain activent ces forces jusqu'au niveau et rang auxquels elles sont destinées. Cette activation vient non seulement des actions mais aussi de la parole et de la pensée, limitées par les frontières définies par la Sagesse divine. À la suite d'un acte volontaire, un mouvement contraint doit s'ensuivre ; une fois que les forces suprêmes sont activées par les humains, elles, en retour, influencent les entités inférieures. Ces interactions sont régies par des lois complexes établies par la Sagesse divine, qui dictent l'écoulement des humains vers les forces suprêmes et vice versa, impactant la gouvernance divine à travers toute l'existence.

Comme la Sagesse divine a décrété l'existence du bien et du mal, l'amorce de cette dualité réside dans les forces originelles, le domaine physique reflétant cet état. Les forces ont été agencées pour présenter déficience et perfection, en corrélation avec un état avec ou sans illumination divine. La perfection dans les forces suprêmes mène à la bonté dans les dérivés physiques, et la déficience mène à l'opposé.

Il est vital de comprendre que l'illumination de la présence divine est la véritable cause de toute bonté, tant dans les forces suprêmes que leurs dérivés. À l'inverse, l'absence de cette illumination est la cause fondamentale de tout mal. Bien que le Créateur soit directement associé à tout ce qui est bon, il n'est pas directement lié au mal. Au lieu de cela, l'absence de lumière divine est vue comme la cause fondamentale du mal. Concernant les détails du mal, le Créateur, dont le pouvoir est illimité, a créé une racine et une source distinctes pour la manifestation du mal, jugées nécessaires par la Sagesse divine pour l'état désiré de l'humanité et du monde.

C'est ce que déclare l'Écriture : « Formant la lumière et créant les ténèbres, faisant la paix et créant le mal »[3]. Le cœur de cette déclaration englobe une variété de forces, qui donnent naissance à toutes les formes de déficiences et de maux, affectant l'âme et le corps, avec toutes leurs complexités et variétés.

Ces forces universelles sont contrôlées par le degré auquel Sa lumière est dissimulée et Sa présence cachée. L'étendue de cette dissimulation dicte le niveau de permission et de domination accordé à ces forces, collectivement ou en partie, pour exercer leur influence.

---

[3] Is.45,7

Lorsque ces forces dominent, la bonté diminue, et les éléments fondamentaux de la création dont nous avons discuté deviennent corrompus, ainsi que leurs ramifications. À l'inverse, lorsque ces forces sont refrénées et que leur influence est révoquée, la bonté triomphe et les fondements de la création sont restaurés dans un état positif, ainsi que leurs ramifications. Les dynamiques du bien et du mal, le conflit entre l'intellect et la matière, et les processus de restauration et de corruption trouvent toutes leur origine dans la dominance ou la suppression de ces forces et leur impact sur la création, de ses origines à ses extensions.

Les forces du mal mentionnées ont divers niveaux et degrés, et ce qui découle d'elles est généralement appelé impureté, obscurité et saleté. À l'opposé, ce qui résulte de l'illumination de son visage est connu comme sainteté, pureté, lumière et bénédiction. Pour comprendre les nuances de ces éléments, nous les classons et détaillons en ces catégories générales, qui font toutes partie de la gouvernance divine par laquelle le Tout-Puissant gouverne son monde.

Les êtres angéliques, comme expliqué précédemment, sont désignés pour manifester ces forces dans la réalité, que ce soit pour le bien ou pour le mal. Ils sont ses serviteurs, exécutant sa volonté, car c'est son désir que ses décrets soient réalisés à travers ces anges, en accord avec ses plans et les rôles qui leur sont attribués.

Deuxième Partie – La Providence

Résumé de la Deuxième Partie

Partie 2 - Chapitre 1

La providence de Dieu soutient toutes les créations, chacune recevant selon sa nature et son but. La providence sur l'humanité implique un jugement pour les actes en raison du libre arbitre. Dieu surveille et juge les affaires puis émet des conséquences en conséquence par les systèmes qu'Il a ordonnés. La providence sur l'humanité diffère puisqu'ils sont des acteurs, pas seulement des récepteurs passifs.

Partie 2 - Chapitre 2

Ce monde prépare pour le suivant. Les péchés nécessitent une punition mais le jugement vise la perfection ultime. Les choses se produisent selon une justice précise. La souffrance raffine ; les méchants épuisent leurs mérites ici. La future assemblée a des niveaux basés sur les actes. Le jugement est divisé entre ce monde, le monde de l'âme et après la résurrection. Seul Dieu connaît les lois précises. Nous connaissons les systèmes généraux et leur base.

Partie 2 - Chapitre 3

Les fortunes testent et facilitent le service. Les souffrances réveillent les pécheurs et raffinent les justes qui souffrent pour les autres. Les raisons incluent : tester, récompenser, réveiller, bénéfice collectif. Tout est jugé précisément tel qu'il est réellement. La providence surveille tous les facteurs. Les résultats considèrent l'état de quelqu'un et ses contemporains. La souffrance expie pour sa génération. Les justes réparent la corruption.

Partie 2 - Chapitre 4

Israël a été choisi tandis que les nations restent basses. Leurs mérites les aident, mais les méchants épuisent les leurs. Leur jugement est moins direct, supervisé par des anges. Les lois noachides ont été données. La rédemption d'Israël a révélé leur supériorité. Les méchants périssent ; les justes se réjouissent éternellement. Les nations influencent elles-mêmes, pas la gouvernance de Dieu. Les individus sont jugés par leurs actes. La providence peut outrepasser pour les besoins d'Israël.

Partie 2 - Chapitre 5

La providence de Dieu suit un ordre précis, parfois outrepassant la nature par des miracles. Tout est soutenu directement par Lui. Les conduits interagissent avec le monde physique selon leur nature et leurs rôles. Les miracles outrepassent la nature comme Il le souhaite. À la création, Dieu a révélé le déroulement des miracles aux racines spirituelles.

Partie 2 - Chapitre 6

Les affaires sont jugées dans les cours célestes. Dieu nomme des anges pour superviser les événements. Les accusations incitent les jugements. Le jugement suit un ordre précis. Dieu préside les cours, les anges argumentent sur les mérites, Dieu finalise les verdicts. Satan accuse dans des paramètres désignés. Les jugements ont des lois détaillées sur les moments et les procédures.

Partie 2 - Chapitre 7

Les étoiles influencent les affaires mondaines mais peuvent être outrepassées. Leurs prédictions ont des limites. Les étoiles permettent la manifestation des racines spirituelles aux branches physiques. Elles dictent les résultats mondains mais peuvent être outrepassées selon la volonté de Dieu. Leurs lois partielles offrent une prévision limitée. Israël n'est pas entièrement sous leur influence.

Partie 2 - Chapitre 8

La justice provient de l'amour. Parfois la miséricorde outrepasse la loi. L'émanation influence le corps et l'âme. Quatre états spirituels reflètent la progression de l'humanité. La récompense et la punition expriment la justice et l'unicité divine. L'émanation divine influence physiquement et spirituellement les états du monde. Quatre niveaux marquent la progression humaine : l'ignorance, l'intellect sans prophétie, l'intellect avec prophétie, la prophétie universelle.

Chapitre 1 - Concernant la Providence Divine

Il est connu et expliqué que toutes les créatures, supérieures comme inférieures, ont été créées parce que la Sagesse suprême y voyait un besoin et un bénéfice au regard du dessein global de la Création. Toutes leurs lois et propriétés naturelles ont été décrétées et établies comme la Sagesse suprême le jugeait approprié, en accord avec l'intention pour chacune d'elles en particulier. Pour la même raison qu'elles furent conçues, il est aussi nécessaire qu'elles existent tant qu'elles profitent à l'ensemble de la Création. En conséquence, le Seigneur qui les a toutes créées, veille à les soutenir dans l'état voulu.

Comme mentionné précédemment, les créatures procèdent premièrement de forces séparées dont émanent les corps physiques. Les détails de ces corps découlent de ce que ces forces leur transmettent dans leurs aspects spécifiques, et rien de petit ou grand dans le physique n'est sans cause ni racine dans les forces séparées selon leurs aspects.

Le Seigneur veille sur toutes ces réalités telles qu'Il les a créées, c'est-à-dire premièrement sur ces forces elles-mêmes, et sur toute la chaîne causale réelle qui en découle. Pareillement Il veille sur les anges préposés aux créations, pour les assister dans leur mission et perpétuer leur pouvoir d'action.

Cependant, puisque l'espèce humaine est différente de toutes les autres espèces, en ce qu'elle a le libre choix concernant ce qui relève de sa perfection ou de sa déficience. Elle se trouve dans cet aspect actif - acteur et moteur et non pas passif - non acteur, la providence sur elle doit aussi différer de la providence sur d'autres espèces, qui sont passives et non actives, et ne sont que pour l'achèvement de cette espèce dans sa source.

Le Créateur surveille et observe les détails de leurs actes, pour agir en conséquence de leurs voies et actions. Ainsi, toutes ses actions et leurs conséquences seront surveillées, et elle sera à son tour surveillée selon ce qui convient comme conséquences de ces actes dans le détail, mesure pour mesure. Ceci n'est pas applicable aux autres espèces, dont les membres sont passifs et non actifs, et ne sont que tels que leur source et ses ramifications dictent qu'ils devraient naturellement être.

La providence sur eux est de soutenir cette source et ses branches comme la nature et la loi de la source dictent qu'ils seront. Mais l'espèce humaine, dont les membres sont acteurs et moteurs nécessite une surveillance particulière selon ce que leurs actions leur causent, ni plus ni moins.

Chapitre 2 – L'homme dans ce Monde

Nous avons déjà mentionné que le but de la création de l'espèce humaine est qu'elle mérite et parvienne au vrai bien, qui est l'adhésion à Dieu dans le monde à venir. Ainsi, la fin de tous ces cycles est le repos du monde à venir. Cependant, la Sagesse suprême a décrété qu'il était approprié et convenable que cela soit précédé par son état dans ce monde, lié et limité par les lois de la nature de ce monde, car c'est la véritable et convenable préparation pour atteindre le but désiré. Selon ce principe, toutes les affaires de ce monde ont été arrangées pour être une préparation et une invitation à ce qui sera plus tard dans le monde perfectionné, qui est le monde à venir.

Cette préparation tourne autour de deux pôles : l'individuel et le général. L'individuel est chaque personne acquérant sa perfection à travers ses actions, et le général est toute l'espèce humaine se préparant pour le monde à venir. L'explication est que puisque l'espèce humaine a été créée avec inclination, impulsion et choix, il est inévitable qu'au sein de ses parties il y aura du bien et du mal, et la fin du cycle doit être que le mal sera rejeté et le bien rassemblé, en faisant un tout pour lequel le monde à venir avec sa vraie bonté sera préparé.

Cependant, la règle du choix, qui nécessite la possibilité que nous avons mentionnée de bien et de mal parmi les parties de l'humanité, nécessite également la même possibilité dans les actions de chaque personne individuelle, qu'elles soient toutes bonnes ou toutes mauvaises, ou certaines bonnes et certaines mauvaises. Cela est un obstacle au rassemblement des parfaits que nous avons mentionnés, car déjà dans un individu, il y a de bonnes et de mauvaises actions. Surveiller certaines d'entre elles et non le reste, même si celles surveillées sont la majorité, n'est pas juste, car la ligne de la loi dicte que toutes les actions doivent être récompensées, qu'elles soient grandes ou petites, nombreuses ou peu nombreuses.

Par conséquent, la Sagesse suprême a décrété de diviser la récompense, à la fois pour le mérite et la punition, en deux temps et deux lieux. Cela signifie que toutes les actions seront divisées en majorité et minorité, avec seulement la majorité jugée à son endroit et son temps appropriés, et la minorité à son endroit et son temps appropriés. La véritable et essentielle récompense sera dans le monde à venir. La récompense sera pour la personne méritante de rester éternellement attachée à Dieu, et la punition sera la séparation du vrai bien et la destruction. Cependant, le jugement à ce sujet ne sera que selon la majorité des actions, tandis que les bonnes actions des méchants et les mauvaises actions des justes, étant la minorité, trouveront récompense et punition dans ce monde avec ses succès et ses épreuves, où les méchants recevront une récompense pour la minorité de leurs mérites à travers leurs succès, et les justes recevront une punition pour leurs péchés à travers des épreuves. Ainsi, la justice sera complète en tous, laissant la question concernant le monde à venir comme il convient à cet état parfait - signifiant que seuls les justes resteront sans mélange de méchants, sans entraves à la jouissance préparée pour eux, et les méchants seront rejetés et détruits, sans aucune réclamation restante pour eux.

Sa miséricorde infinie a également décrété d'augmenter le salut pour l'humanité, en rendant possible un autre type de raffinement pour ceux qui y sont aptes - c'est-à-dire pour ceux chez qui le mal a grandement prévalu, mais pas à tel point que leur jugement soit la destruction complète. Cela comprend le concept du l'Enfer. Son but est de punir le pécheur selon ses péchés, de sorte qu'après la punition, aucune dette ne reste concernant le mauvais acte commis, et après ils peuvent recevoir une véritable récompense selon leurs autres bonnes actions. Ainsi, à travers cela, les véritablement perdus seront minimes, non massifs, car ils ne seront que ceux chez qui le mal a été renforcé à un tel grand degré qu'ils n'ont absolument aucune place pour demeurer dans la vraie récompense et le plaisir éternel.

Ainsi, le jugement est divisé en trois parties - son essence étant le monde après la résurrection, mais les actes méritant une récompense avant cela sont de deux types - ceux récompensés dans ce monde et ceux dans le monde des âmes. Cependant, les détails de ce jugement ne sont connus que du Juge Véritable seul, car Lui seul connaît la vérité des actes et de leurs conséquences dans tous leurs aspects et détails, et sait quels actes conviennent d'être récompensés à un moment et d'une manière, et quels actes conviennent d'une autre manière et à un autre moment. Ce que nous connaissons n'est que les voies générales de cette gouvernance, sur quoi elle est basée et vers quoi elle vise, comme nous l'avons expliqué - que le but de tout cela est de rassembler une collectivité complète qui soit digne de rester éternellement attachée à Lui, et pour que cette affaire soit complète, toutes les affaires précédentes étaient nécessaires pour préparer et arranger ce but, comme expliqué.

En regardant plus profondément, vous verrez que, outre le fait de découler de la justice comme expliqué, cette affaire a une autre fondation - l'existence créée. C'est parce que, comme nous l'avons expliqué, les bonnes actions renforcent chez une personne, en corps et en âme, une existence de perfection et d'élévation ; tandis que les mauvaises actions renforcent une existence trouble et déficiente, chacune en accord précis avec les actions, ni moins ni plus. Une personne juste, qui a accumulé une grande mesure d'illumination et d'élévation, mais d'un autre côté a un mélange de ténèbres et de négativités d'une minorité de mauvaises actions, ce mélange tant qu'il reste en lui le rend inapte et non préparé pour s'attacher à Dieu.

+Par conséquent, la bienveillance suprême a décrété un raffinement pour lui, qui est la souffrance, que Dieu a dotée de la possibilité de retirer cette déficience de la personne, la laissant pure et claire, préparée pour le bien au moment opportun. Selon la mesure de négativité qu'une personne a occasionner à travers ses actes, telle sera la souffrance nécessaire pour son raffinement. Il est possible que la souffrance du corps soit insuffisante pour retirer cette négativité, nécessitant une souffrance spirituelle. Toutes ces règles générales se divisent en de nombreux détails, au-delà de la compréhension humaine.

Cependant, les complètements méchants sont ceux chez qui le mal intense de leurs actes a renforcé une telle grande négativité et ténèbres, qu'ils sont véritablement corrompus en corps et en âme, et sont devenus inaptes de toute manière à s'attacher à Lui. Maintenant, ils peuvent avoir quelques bonnes actions, mais dans les balances de Sa justice, celles-ci ne sont pas suffisamment importantes pour faire pencher leur côté vers le vrai bien, ni en quantité ni en qualité. Car si elles les avaient inclinés vers cela, ils ne seraient pas considérés comme complètement méchants, mais plutôt comme ceux qui se raffinent et progressent jusqu'à atteindre un état prêt pour le bien. Cependant, pour que l'attribut de justice ne soit pas manquant, que ces actes restent sans récompense, il a été décrété de leur donner leur paiement dans ce monde, et que ce mérite s'épuise et ne renforce aucune véritable élévation en eux.

Il y a un autre détail très fondamental dans cette affaire - que le rassemblement des parfaits que nous avons mentionné pour l'avenir ne sera pas pour tous au même niveau d'élévation et compréhension. La Sagesse suprême a fixé une limite à la quantité minimale d'adhésion à Lui et de bénéfice de Sa perfection et selon cela, a organisé que tous ceux dont les actes atteignent au moins cette quantité minimale seront inclus dans ce rassemblement et resteront éternellement à jouir de Lui. Mais tous ceux qui n'atteignent même pas cela seront complètement séparés et perdus. Tous ceux qui méritent plus seront plus grands et plus élevés dans le rassemblement lui-même. C'était de la profondeur de Son plan qu'une personne soit complètement maître de son propre bien, tant en général qu'en particulier - signifiant non seulement qu'ils ne mériteraient le bien que par leur propre effort, mais même la part particulière qui leur est allouée ne sera que précisément selon leurs actes.

Ainsi, une personne ne sera à aucun niveau autre que celui qu'elle a choisi et s'est placé elle-même. Dans ce rassemblement, il y aura certainement des plus hauts et des plus bas, des plus grands et des plus petits, mais l'élévation ou l'abaissement d'une personne, sa grandeur ou sa petitesse, n'auront d'autre cause qu'eux-mêmes, il n'y aura donc aucune possibilité de plainte.

Selon ce principe, nous observons une autre distinction majeure dans la loi qui juge les actes, concernant si leurs conséquences doivent élever une personne dans le rassemblement complet que nous avons mentionné et à quel degré elles doivent l'élever. En effet, certains actes, selon le jugement précis, droit et suprême, ne permettent pas à une personne d'accéder à ce temps-là, mais sont récompensés dans ce monde, laissant cette personne à un niveau inférieur pour l'éternité, à la limite de ce rassemblement. Ceci est quelque peu similaire à ceux que nous avons mentionnés plus tôt, qui reçoivent leur récompense dans ce monde et sont perdus dans le suivant.

Cependant, ils sont très différents, en ce que ces méchants épuisent complètement toute la valeur de leurs bonnes actions à travers la récompense dans ce monde, et n'atteignent pas l'éternité, tandis que ceux-ci atteignent l'éternité à travers leurs actes, et même s'ils nécessitent un raffinement spirituel immense, ils ont une part dans l'existence éternelle - juste que leurs mérites ne suffisent pas à leur allouer plus que la part minimale que nous avons mentionnée. Beaucoup de leurs mérites étant reçus dans ce monde qui, si le jugement les avait placés dans le monde suivant plutôt que dans ce monde, aurait mis ces personnes à un niveau élevé dans le rassemblement des parfaits.

Cependant, tout ce que nous avons discuté jusqu'à présent explique la souffrance des justes dans ce monde et la tranquillité des méchants, ainsi que la punition spirituelle, du point de vue de la préparation pour la récompense ultime dans le futur. Mais la bonté des justes dans ce monde suit une voie différente, à expliquer, si Dieu le veut. Tout cela que nous avons clarifié est selon le second pôle général de réparation, mais les affaires selon le pôle individuel suivent une voie différente de tout cela, que nous allons maintenant expliquer dans un chapitre séparé, si Dieu le veut.

Chapitre 3 – Providence Individuelle

Nous avons déjà noté que le travail assigné à une personne est basé sur l'existence du bien et du mal dans le monde. La personne est placée entre eux pour choisir le bien. Cependant, il y a de nombreux aspects du bien et de nombreux aspects du mal. Par exemple, chaque trait positif vient du bien, et l'opposé vient du mal. L'orgueil vient du mal, tandis que l'humilité vient du bien. La compassion du bien et son opposé, la cruauté, vient du mal. La satisfaction et le bonheur viennent du bien, et leurs opposés viennent du mal, et ainsi de suite pour tous les autres traits. La Sagesse suprême a contemplé tous les détails de ces affaires qui conviennent d'exister et dont la possibilité relève de la condition humaine, selon le but principal que nous avons mentionné. Elle les a amenés à exister dans tous leurs aspects, causes, environnements et tout ce qui leur est associé, et a intégré leur possibilité dans l'homme.

Maintenant, pour que toutes ces affaires existent, diverses conditions parmi les personnes étaient nécessaires. Tout cela serait un test pour eux, offrant de la place pour tous les détails de ce mal et de l'espace pour une personne pour résister et saisir les causes. Par exemple, s'il n'y avait pas de riches et de pauvres, il n'y aurait pas de possibilité pour une personne d'être compatissante ou insensible. Mais maintenant, la personne riche est testée par sa richesse, pour savoir si elle est insensible au besoin ou compatissante envers lui. De même, la personne pauvre est testée pour savoir si elle est satisfaite du peu qu'elle a et remercie son Dieu, ou l'inverse. La richesse est également un test pour la personne riche pour voir si elle devient arrogante ou si elle court après les vanités du monde et néglige de servir son Créateur. Ou si, malgré toute sa richesse, elle reste humble et rejette les vanités du monde et choisit la Torah et le service. Et ainsi de suite pour tous les cas similaires.

La Sagesse suprême a divisé ces types de tests parmi les individus, comme il est jugé approprié et convenable. Par conséquent, chaque personne a un rôle unique dans la bataille contre son inclination au mal, qui est son devoir et son fardeau dans ce monde, et elle doit l'accomplir tel qu'il est. Elle sera jugée sur ses actions par le jugement divin, selon le fardeau exact qui lui a été réellement donné dans tous ses aspects. C'est comme les serviteurs d'un roi qui le servent tous, et collectivement ils accomplissent le travail du royaume. Chacun d'eux se voit attribuer une partie spécifique jusqu'à ce que toutes les parties requises soient complétées. Chacun est responsable de compléter la partie qui lui est assignée, et le roi le récompense selon l'exécution de son devoir. Cependant, la nature de cette division et ses voies sont au-delà de notre compréhension, car seule la Sagesse suprême, qui dépasse tout intellect, les a déterminées et les a arrangées de la manière la plus parfaite.

Étant donné que toutes les affaires du monde évoluent et passent de l'une à l'autre : de leur existence abstraite à leur réalité physique, comme expliqué ci-dessus, toutes ces affaires, les détails du test d'une personne commencent leur existence dans l'abstrait selon leurs états respectifs de rectification et de corruption. Et selon leur essence là-bas, ils sont jugés et décrétés pour émaner vers le physique dans l'individu qui leur convient. Dans le jugement général de cette répartition, toutes les existences tombent dans leurs niveaux spécifiques. La Sagesse suprême a observé tout cela, et a décrété selon la véritable existence des choses ce qui est approprié et convenable. Cela est clairement basé sur les principes que nous avons préalablement établis.

Il découle de cette racine que les succès dans ce monde et ses épreuves constitueront des parties du test par lequel l'homme est testé, selon les types de tests que la Sagesse suprême a jugés appropriés pour cette personne. Il y a une autre cause additionnelle pour eux basée sur les voies de la justice et de la récompense. C'est que le juge suprême a décrété qu'en conséquence des actes de l'homme, il sera aidé par Lui pour faciliter l'atteinte de sa perfection et sauvé des obstacles. Comme le dit le verset, "Il protège les pas de ses pieux."[4] Certes, il y a des niveaux à cela - une personne, selon la ligne de justice basée sur des actes déjà accomplis, sera aidée par Dieu dans une moindre mesure, une autre, dont le jugement sera de l'aider bien plus, et de faciliter grandement l'atteinte de la perfection pour elle, méritera une aide encore plus grande. À l'inverse, il peut y avoir quelqu'un pour qui, selon la loi, il ne sera pas aidé du Ciel, mais l'atteinte de la perfection ne lui sera pas non plus rendue difficile. Une autre personne pour qui les obstacles seront abondants selon son jugement, aura besoin de beaucoup de force et de labeur jusqu'à ce qu'elle l'atteigne. Une autre, qui est complètement méchante, tous les chemins de

---

[4] Sam.2,9

rectification seront bloqués et elle sera rejetée dans sa méchanceté.

Il existe de nombreuses nuances à tous ces sujets. Il est possible pour une personne, par mérite, d'avoir des succès décrétés sur elle dans ce monde pour l'assister dans son service divin, afin que l'atteinte de la perfection recherchée lui soit facile et sans obstacles. Inversement, il se pourrait que par ses actes, des pertes et des épreuves lui soient décrétées qui se dresseront comme un obstacle devant lui, le séparant de la perfection. Cela lui nécessitera plus d'effort et d'endurance pour surmonter ces barrières et se renforcer malgré toutes ses épreuves pour atteindre sa perfection. D'un autre côté, pour une personne méchante, il se pourrait que des succès lui soient décrétés, ouvrant une porte de destruction par laquelle elle sera rejetée, ou l'adversité pour l'empêcher de nuire. Cela se produira lorsque le Juge suprême saura, pour une raison quelconque, qu'il n'est pas approprié pour cette personne méchante de commettre un certain acte.

David a prié à ce sujet, en disant : "Dieu, ne réalise pas les désirs du méchant ; ne laisse pas son plan réussir."[5] En effet, Dieu agit avec Sa Sagesse merveilleuse, déterminant tout selon ce qui convient au bénéfice de toutes Ses créations. Il juge les créations dans tous leurs états tels qu'ils sont vraiment. Ceux qui sont complaisants en raison de leur tranquillité ne sont pas jugés de la même manière que ceux qui font face à des obstacles dans l'accomplissement de leurs devoirs. Leur jugement ne sera

---

[5] Ps. 140,9

pas égal. Chacun sera jugé tel qu'il est vraiment, qu'il agisse inconsciemment ou délibérément, qu'il soit complaisant ou agisse sciemment contre un meilleur jugement. Dieu connaît la vérité de toutes les affaires, actions et pensées, et les juge telles qu'elles sont vraiment.

Une autre ramification émerge de cette racine concernant la souffrance. Il pourrait y avoir une personne juste avec des péchés ou une personne intermédiaire équilibrée dans ses actes. Des souffrances pourraient lui être décrétées pour l'éveiller à la repentance. Cette souffrance est différente de celle qui expie les péchés, qui sert à nettoyer les péchés dans ce monde. Ce sont des souffrances destinées à éveiller le cœur à la repentance. Les punitions existent principalement en raison de l'absence de repentance. Ce qui est le plus souhaité, c'est qu'une personne ne pèche pas, mais si elle pèche, qu'elle se repente. Si elle ne tient pas compte de cela, elle connaîtra alors des souffrances destinées à l'empêcher d'être détruite. D'abord, des souffrances destinées à éveiller sont expérimentées, et si l'individu n'en tient pas compte, il subira ensuite les souffrances destinées à purifier. Eliahu a parlé de cela en disant : « Il ouvre leurs oreilles à la discipline, les exhortant à se détourner de la faute. »[6]

Il existe une limite fixée pour tolérer les choix maléfiques continus d'un pécheur. Une fois cette limite atteinte, il n'y aura plus d'attente, et ils feront face à leurs conséquences. C'est ce que l'on appelle « remplir la mesure ». Lorsque cela se produit,

---

[6] Job. 36,10

la colère de Dieu s'enflamme contre eux, et ils font face à la calamité. Jusqu'à ce point, ils pourraient réussir dans leurs entreprises. Cela correspond à l'idée: « Pour ceux qui cherchent l'impureté, les portes s'ouvrent pour eux. »[7] Mais une fois qu'ils atteignent leur limite, ils font face à la destruction.

Il est important de savoir que la providence suprême, dans chaque détail, surveille tout ce qui y est connecté, tant les facteurs précédents que les facteurs suivants. En résumé, en surveillant chaque détail, elle surveille l'intégralité du tout, du point de vue de la façon dont toutes les parties se rapportent à chaque partie dans la structure du tout. Du point de vue de comment une personne est vue individuellement, cela inclut ce qui l'a précédé, c'est-à-dire les ancêtres, ce qui vient après lui, c'est-à-dire les enfants, et ce qui est contemporain à lui, c'est-à-dire les gens de sa génération, de sa ville ou de son cercle social. Après toutes ces observations, sa part lui est décrétée dans le service divin : le test que nous avons mentionné plus tôt, et la charge lui est donné de servir Dieu.

Cependant, vous voyez que cela concerne uniquement le jugement dans ce monde, où la part dans le service divin lui est décrétée, signifiant dans quel état il se trouvera dans ce monde, car selon cet état sera la charge qui lui est imposé. Mais pour le monde suivant, l'homme n'est jugé que selon ses actes, selon l'état dans lequel il se trouvait réellement, comme le prophète l'a dit : « Un fils ne meurt pas pour le péché du père. »[8] C'est parce que voici, si une personne mérite richesse par décret, ses

____

[7] Yoma. 38b
[8] Ezechiel 18,20

enfants naîtront riches. Il est également possible qu'en raison du mérite de son père, une circonstance bonne ou mauvaise lui arrive à un moment donné. D'autre part, il est possible qu'un salut ou une bonne circonstance lui soit décrétée en raison de la progéniture destinée à descendre de lui. De même, en raison de son emplacement ou de son cercle social, il est possible qu'une bonne ou mauvaise circonstance, des fortunes et infortunes de ce monde lui soit décrétée.

Outre tout cela, il y a une autre question qui découle des deux aspects de la providence que nous avons mentionnés, personnel et général. C'est que la Sagesse suprême a contemplé tout ce qui était nécessaire pour la rectification de l'espèce qui constituerait le collectif complet que nous avons mentionné plus tôt. Elle a vu qu'il serait très bénéfique pour certains de pouvoir bénéficier à d'autres parmi eux et de faire le bien pour eux. Cela signifie que la question ne serait pas finalisée de telle manière que seul celui qui atteint la complétude par sa propre force serait inclus dans le collectif du monde suivant. Au contraire, même celui qui l'a déjà atteint grâce à la dépendance envers le mérite d'autrui pourrait jouir de la complétude et serait inclus dans ce collectif.

Cependant, il se trouverait à un niveau inférieur, le niveau de celui qui dépend de son prochain. Il ne serait pas complètement éloigné de la perfection, mais ne mériterait pas d'en jouir, ni par lui-même ni par dépendance envers autrui. Par ce mécanisme, le salut devient plus abondant et plus de personnes en bénéficient. Ceux qui profitent à eux-mêmes et aux autres occuperont certainement les rangs les plus élevés de ce collectif, et seront les chefs, tandis que ceux qui dépendent d'eux seront leurs subordonnés et auront besoin d'eux. Afin de permettre cette grande rectification, Il a initialement lié les gens les uns aux autres, ce qui est ce que les sages ont désignée comme : « Tous les Juifs sont responsables les uns des autres ».[9] Car grâce à cela, certains sont liés aux autres et ne sont pas détachés et seuls. L'attribut du bien est toujours abondant, et si les gens assument la responsabilité des péchés des autres, ils bénéficieront certainement aux autres par leur propre mérite.

Selon cette racine, il a été arrangé que des troubles et des souffrances viennent sur une personne juste, et cela expiera pour sa génération. Voici, il est obligatoire pour le juste d'accepter avec amour la souffrance qui lui arrive pour le bien de sa génération, tout comme il accepterait avec amour la souffrance qui lui était due pour son propre compte. Par cette action, il profite à sa génération, en expiant pour eux, et lui-même devient grandement élevé, devenant l'un des plus éminents dans le collectif du monde à venir.

De cette même catégorie, un niveau encore plus élevé sera trouvé au-delà de ce que nous avons mentionné. Il s'agit de la souffrance, lorsque la personne juste est affligée pour les gens de sa génération, qui méritaient d'énormes châtiments et étaient proches de la destruction ou de la perte. Grâce à ses souffrances, il expie pour eux et les sauve dans ce monde, et profite également à eux dans le monde à venir. Cependant, il existe des souffrances supplémentaires réservées aux

---

[9] Chevouot, 39a

personnes encore plus pieuses et auto-perfectionnées. Ces souffrances aident à ce qui est nécessaire pour la progression générale de la providence vers l'objectif ultime qui est la perfection.

L'explication est que selon le système initial mis en place pour la gouvernance et les permutations du monde, il était déjà nécessaire que l'homme endure une certaine angoisse afin que lui et le monde entier avec lui atteignent la perfection. Cela émane et est une conséquence de la dissimulation de Sa lumière, qui fait l'une des bases de l'état de l'homme, comme nous l'avons dit précédemment.

D'autant plus, après que de nombreuses et importantes corruptions se sont multipliées dans le monde en raison du péché après péché, la dissimulation et l'obscurité se sont intensifiées et le bien est devenu extrêmement dissimulé. Le monde et ses créations se sont retrouvés dans un état bas et mauvais. Il est nécessaire que, grâce aux permutations que Sa Sagesse merveilleuse fera passer le monde, les choses atteignent la rectification -Tikoun.

Fondamental à ces permutations est que les êtres humains reçoivent des punitions selon leur méchanceté, jusqu'à ce que l'attribut de justice soit apaisé. Cependant, Dieu a arrangé que les personnes complètes, les personnes importantes, puissent rectifier à la place des autres, comme mentionné. L'attribut de justice les frappera au lieu de frapper le monde entier. Puisqu'ils sont déjà complets et méritants du bien et ne souffrent que pour le bien des autres, certainement l'attribut de justice exigera beaucoup moins d'eux que des pécheurs réels. Non seulement cela, mais à travers leurs souffrances, leur mérite et leur force sont renforcés. Ils sont certainement capables de rectifier ce que les autres ont corrompu.

Cela signifie qu'ils peuvent non seulement rectifier les affaires des gens de leur génération, mais aussi tout ce que le monde a subi depuis que les péchés ont commencé jusqu'à présent. Assurément, ils seront ensuite parmi les plus distingués et les plus proches du divin dans le collectif des parfaits. Tout cela, que nous avons décrit en nous basant sur la justice, est également explicable en termes de la véritable nature de l'existence.

Les péchés multiplient la contamination et la renforcent chez les êtres humains et dans le monde, conduisant à la dissimulation de Sa lumière, dissimulation après dissimulation. Selon la clarification et le nettoyage de cette contamination de la création, Sa lumière revient et se révèle, révélation après révélation. La souffrance, qu'elle soit individuelle ou collective, purifie et efface progressivement la contamination de toute la création. Grâce aux épreuves endurées par ces justes importants, le monde progresse étape par étape vers la perfection.

Dans la direction des affaires du monde, un principe clé est que la Sagesse suprême a organisé la multiplication du salut. Il est dit qu'une âme peut venir dans ce monde à plusieurs reprises, dans différents corps. Ainsi, elle a l'opportunité de corriger dans une vie ce qu'elle a endommagé dans une autre, ou d'achever ce qui est resté inachevé. Toutefois, à l'issue de ces incarnations, le jugement final de l'âme sera fondé sur l'ensemble de ses expériences et des états qu'elle a traversés.

Il se peut que des circonstances particulières affectent une personne dont l'âme est réincarnée, en fonction de ses actions dans une vie antérieure. Un état spécifique lui sera alors attribué dans le monde, et le fardeau qui lui incombe sera déterminé en conséquence. Le jugement porté sur chaque individu tiendra compte de la multitude de ses aspects, assurant ainsi que personne ne sera injustement accablé dans l'au-delà qui est le vrai bien, pour des fautes qui ne sont pas véritablement les siennes. Le fardeau imposé dans ce monde dépendra de ce que la Sagesse suprême a décidé, et les actions de chacun seront jugées en fonction de cela.

Dans le processus de réincarnation, de multiples aspects spécifiques interviennent. Une personne sera jugée en tenant compte de ses vies antérieures, garantissant ainsi un jugement véritable et juste. À propos de cela, il est dit : 'Le Rocher, Son œuvre est parfaite, car toutes Ses voies sont justice.'[10] Dans la création, aucun savoir ne peut embrasser la totalité de Ses pensées et la profondeur de Son conseil. Nous ne connaissons que ce principe général, à l'instar des autres principes, selon lequel la réincarnation est l'une des sources des événements humains dans ce monde, régie par des lois et des jugements justes établis par Lui.

---

[10] Devarim. 32,4

Comme nous l'avons expliqué, les événements humains dans ce monde découlent de causes diverses et changeantes, tantôt pour le bien, tantôt juste pour le bénéficiaire. Néanmoins, chaque événement ne découle pas de toutes ces causes. De ces dernières émergent des événements spécifiques pour l'humanité, certains issus d'une cause, d'autres d'une autre. La Sagesse suprême, omnisciente et omniprésente, assure l'équilibre de l'ensemble dans la profondeur de Son conseil, dirigeant ainsi le monde dans ses moindres détails.

Il est impossible que toutes ces causes produisent constamment des résultats uniformes. Souvent, elles peuvent se contredire. Par exemple, le mérite des ancêtres peut destiner une personne à la richesse, tandis que ses propres actes la mèneraient à la pauvreté. Ou, en fonction d'une vue d'ensemble, la richesse ou la pauvreté lui sera attribuée. Même les actes en eux-mêmes peuvent avoir des conséquences variées : un acte peut engendrer un bien, tandis qu'un autre peut priver la personne de ce bien.

La Sagesse suprême évalue et décide en faveur du meilleur, organisant pour chaque personne des situations issues de différentes causes. Aucun événement ne surviendra à une personne sans correspondre à l'une des causes mentionnées. Les détails de ces événements dépassent la connaissance humaine, mais nous avons déjà beaucoup appris en comprenant les principes généraux de ces phénomènes.

Les événements humains se classent en deux catégories : ultimes et intermédiaires. Les premiers sont ceux décrétés pour une personne, appropriés selon l'une des causes évoquées plus haut. Les seconds sont ceux qui se produisent pour amener un autre événement approprié.

C'est comme l'histoire de celui qui remercia le Seigneur, pour sa colère, 'Je te remercierait Seigneur, d'avoir été en colère avec moi'[11] car sa vache, ayant cassé sa jambe et tombé, révéla un trésor caché dessous. Ou encore, celui qui échappa à un naufrage, ayant été retardé et n'ayant pas embarqué sur le navire voulu. Ces événements intermédiaires peuvent répondre aux besoins de la personne concernée ou à ceux d'autrui, apportant bien ou mal. La Sagesse suprême, dans son estimation, prend également en compte ces intermédiaires, assurant que tout soit décrété avec la plus grande précision pour le véritable bien.

---

[11] Isaie. 12,1

Chapitre 4 - Israël et les Nations

L'un des sujets profonds de Sa gouvernance concerne Israël et les nations du monde, qui du point de vue de la nature humaine semblent être égaux, mais du point de vue des affaires de la Torah, ils sont extrêmement différents et séparés, comme des espèces totalement différentes. Nous expliquerons cette question et clarifierons comment ils se ressemblent et comment ils diffèrent les uns des autres.

Adam Harishon avant son péché était dans un état beaucoup plus élevé que l'homme actuel. Le niveau de l'humanité selon cet état était très élevé, adapté à l'élévation éternelle élevée que nous avons mentionnée. S'il n'avait pas péché, il se serait perfectionné et aurait continué à s'élever, élévation après élévation. Dans cet état d'excellence, il aurait été approprié pour lui de procréer une descendance, d'un nombre déterminé par le Créateur selon ce qui convient pour la complétude de ceux qui se réjouissent de Sa bonté. Ils se seraient tous réjouis de cette bonté avec lui. Ceux pour qui il convenait qu'Il engendre, avaient été décrétés et contemplés par Lui et distingués en niveaux spécifiques - signifiant qu'il y aurait des premiers et des seconds, des racines et des branches, se suivant les uns les autres dans un ordre spécifique comme des arbres et leurs branches. Le nombre d'arbres et le nombre de branches étant tous précisément contemplés. Par son péché, Adam est grandement descendu de son niveau et une énorme quantité de ténèbres et confusion s'est incorporée en lui. L'humanité dans son ensemble est descendue de son niveau et s'est trouvée à un niveau très bas, inapte à l'élévation éternelle élevée pour laquelle elle était initialement destinée. Elle n'était présentement préparée et adaptée que pour un niveau bien inférieur à cela, et dans cet aspect, elle a engendré une descendance dans le monde au niveau bas que nous avons mentionné. Cependant, malgré cela, l'existence au niveau de l'espèce humaine selon sa véritable racine n'a pas cessé d'exister généralement. C'était un niveau bien supérieur à l'aspect dans lequel l'humanité se trouva pendant sa corruption. Adam Harishon n'était pas complètement éloigné au point de ne pas pouvoir retourner au niveau suprême. Il se trouvé être effectivement au niveau bas mais avec un potentiel de retourner au niveau suprême. Le Maître de l'univers donna le choix à ses descendants de se renforcer et s'efforcer de s'élever du niveau bas au niveau suprême. Il leur laissa du temps pour cela, comme Il contempla adapté à cet effort. Tout comme Il nous laisse actuellement la possibilité d'atteindre la complétude et un niveau dans le collectif du monde à venir. Cependant, les efforts doivent avoir une limite de temps.

La Sagesse suprême vit qu'il était adapté à cet effort de se diviser en primordial et ramifié. Signifiant qu'il y aurait d'abord un temps d'effort pour les racines parmi les descendants, et ensuite pour leurs branches. Cela était parce que l'humanité dans son ensemble avait encore besoin que son statut soit rectifié des corruptions qui s'étaient produites en elle. Selon l'ordre des niveaux, il convenait d'abord d'établir les racines et les chefs de la descendance de l'homme pour qu'ils se tiennent corrigés. Eux et leurs branches resteraient dans cet état, car les branches suivent toujours après la racine. Le temps pour cet effort orienté vers la racine était d'Adam Harishon jusqu'au temps de la dispersion (lorsqu'après la construction de la tour de Babel, les hommes furent dispersés). Pendant tout ce temps, les justes n'ont pas cessé de chercher la vérité pour les multitudes, comme Enoch, Methuselah, Shem et Ever, les avertissant de se rectifier.

Lorsque la mesure du peuple fut pleine, au moment de la dispersion, le Créateur jugea dans l'attribut de Sa justice, qu'il convenait que le temps de l'effort orienté vers la racine se termine. Qu'il y ait une fin à ces efforts - que ce qui était adapté à établir au niveau des racines, selon tout ce qui s'était déjà déroulé jusqu'à cette fin, devienne établi. Puis Il observa tous les êtres humains, et vu tous les niveaux adaptés à établir ces personnes selon leurs actions. Il les établis au niveau des racines et il fut décrété qu'ils produisent une descendance adaptée à ces racines, signifiant au même niveau et état que cette racine avait atteint.

Des espèces établies dans le monde, chacun selon ses lois et sa nature, tout comme toutes les autres espèces parmi les créations. Ils reçurent la capacité de produire leur descendance selon leur nature et leur niveau, tout comme toutes les autres espèces. Par jugement suprême, ils furent tous trouvés adaptés à rester au niveau bas de l'humanité que Adam Harishon et sa descendance avaient atteint en raison du péché, et pas plus haut que cela du tout. Abraham seul fut sélectionné par ses actions, élevé et établi comme un arbre précieux et élevé, au niveau de l'humanité dans son aspect suprême. Il lui fut donné la capacité de produire des branches selon sa nature. Puis le monde se divisa en soixante-dix nations, chacune à son niveau propre, mais toutes à l'aspect de l'humanité dans sa bassesse; tandis qu'Israël fut à l'aspect de l'humanité dans sa grandeur. Après cela, la porte des racines fut fermée, et le cycle des branches commenca, chacun selon sa matière.

Dans Sa grande bonté, Dieu a décrété et fait place même pour les branches des autres nations, que par leurs propres choix et actions ils puissent s'arracher de leur racine et s'incorporer dans les branches de notre père Abraham, s'ils le désirent. C'est pourquoi Il a fait d'Abraham un père pour les convertis, et lui a dit; "Toutes les familles de la terre seront bénies par toi."[12] Cependant, s'ils ne s'efforcent pas en cela, ils resteront sous leur arbre primordial selon leur composition naturelle.

Vous devez savoir que, tout comme la descendance entière de l'homme se divise en arbres primordiaux et en leurs branches, de même pour chaque arbre individuel, ses branches principales seront discernées à partir desquelles tous les autres détails se ramifieront et se subdiviseront. Les branches principales de notre arbre ; notre père Abraham, qui sont inclusives, sont les six cent mille âmes qui ont quitté l'Égypte, d'eux la nation Juive a été formée. La Terre d'Israël leur a été divisée. Tous ceux qui sont venus après eux sont considérés comme des détails se ramifiant de ces branches primaires inclusives. Dieu a fait une immense bonté à toutes les nations, suspendant leur jugement jusqu'au moment de la donnée de la Torah. Il a réoffert la Torah à tous, pour qu'ils l'acceptent. S'ils l'avaient acceptée, il aurait encore été possible pour eux de

---

[12] Bereshit. 12,3

s'élever de ce niveau bas. Puisqu'ils ne la voulaient pas, leur jugement a alors été complètement finalisé et la porte a été scellée devant eux avec un scellé qui n'a pas d'ouverture. Tout ce qui reste pour chaque individu des branches dans leurs détails est qu'ils se convertissent eux-mêmes et entrent volontairement sous notre arbre d'Abraham.

Cependant, le décret n'était pas de détruire ces nations entièrement, mais plutôt qu'elles restent au niveau bas que nous avons mentionné, qui est un niveau d'humanité qui n'aurait pas existé si Adam Harishon n'avait pas péché. C'était par son péché qu'ils sont venus à exister. Puisqu'ils possèdent un aspect d'humanité, même si il est bas, Dieu a voulu qu'il y ait pour eux un semblant de ce qui convient à la véritable humanité. Ils ont une âme semblable à celles d'Israël, même si leur niveau est bien inférieur à elles. Ils ont des commandements grâce auxquels ils atteignent également le succès physique et spirituel selon ce qui convient à leur niveau - les commandements Noachides. Dès le début de la création, toutes ces affaires étaient préparées, au cas où l'homme pécherait, comme tous les autres préjudices et punitions.

Cependant, dans le monde à venir, il n'y aura pas d'autres nations qu'Israël. Car les âmes des pieux parmi les nations du monde se verront accorder une existence dans un aspect supplémentaire, subordonné à Israël lui-même. Ils seront subordonnés à eux comme un vêtement est subordonné à une personne. Dans cet aspect, ils atteindront un certain bien, car il n'est pas dans leur nature d'atteindre plus que cela du tout.

Lorsque le monde a été divisé de cette manière, Dieu a nommé soixante-dix administrateurs de la classe angélique pour être les surveillants de ces nations. Ils les contemplent et supervisent leurs affaires. Il les surveille avec une providence générale seulement, tandis que l'ange ministre les surveille avec une providence détaillée, avec le pouvoir que le Maître de l'univers lui a accordé. Concernant cela, il est dit "Seulement toi, ai-je connu parmi toutes les familles de la terre."[13] Ce n'est pas parce que, à Dieu ne plaise, Sa connaissance manque de détails, car tout est visible et révélé devant Lui depuis toujours. La question est qu'Il ne surveille pas et n'émane pas vers leurs détails. Vous comprendrez cette question que nous expliquerons plus loin, avec l'aide de Dieu.

Selon les actes d'Israël, Dieu a lié la rectification de la totalité de la création et son élévation. Il a rendu Sa providence subordonnée à leurs actes - pour illuminer et émaner, ou se cacher d'eux. Cependant, les actes des nations n'ajoutent ni ne retranchent rien du tout à la révélation ou à la dissimulation de Dieu. Plutôt, ils attirent le bénéfice ou le préjudice sur eux-mêmes, que ce soit physiquement ou spirituellement et ajoutent de la force à leur ange directeur ou l'affaiblissent. Même si Dieu ne surveille pas les détails des nations, il est possible qu'Il les surveille pour les besoins d'un individu ou de plusieurs parmi le peuple d'Israël. Cela relève de l'aspect des occurrences circonstancielles que nous avons expliqué dans un chapitre précédent.

---

[13] Amos. 3,2

Chapitre 5 - Voies de la Providence

Jusqu'à présent, nous avons expliqué les lois de la providence. Maintenant, nous parlerons des voies de la providence, cette question se divise en deux fondamentaux : 1) Son observation, 2) Son émanation.

Concernant Son observation, nous savons déjà qu'Il connaît tout et ne manque d'aucune connaissance, ni pour l'avenir, ni pour le présent, ni pour le passé. Car tout ce qui a été et sera a déjà été prévu pour Lui depuis le début des temps, et rien ne Lui est caché du tout. Le présent est révélé devant Lui et lui est connu dans tous ses aspects, et n'est pas caché de Lui en quoi que ce soit. Cependant, Il est dit qu'Il observe les affaires, en ce sens qu'Il les juge et décrète des conséquences sur elles, limité par le délai qu'Il désire agir sur elles. Nous discuterons de cela plus loin, avec l'aide de Dieu.

La question de Son émanation est centrée sur la façon dont Il met Sa volonté en action, suivant un ordre précis et une gradation de Son choix. Il a méticuleusement arrangé Ses créations dans une chaîne hiérarchique, descendant selon Son plan divin. Tout comme Il a voulu cet ordre spécifique pour l'existence des créations, Il le désire également pour leur maintien continu et le déroulement de leurs actions dans tous les aspects de leur existence. Par cet ordre établi, Il fournit la subsistance à chaque création selon sa nature, insufflant en elles ce qu'Il juge nécessaire pour leurs fonctions et interrelations.

Il peut choisir d'émaner Son influence à un ange, qui à son tour influence l'ange en dessous de lui, et ainsi de suite, en cascade à travers les niveaux, jusqu'à ce que l'ange final interagisse avec le domaine physique. Cette interaction aboutit à l'établissement ou à l'innovation d'une affaire, le tout conformément au décret divin. Cependant, il est crucial de comprendre que la subsistance de tout être à tout niveau vient directement de Lui, car Lui seul maintient les créations et leur chaîne interconnectée, chacune selon sa nature unique.

Lorsqu'il s'agit de traduire Son influence en actions au sein du domaine physique, cela suit l'ordre spécifique des êtres et de leurs relations que nous avons précédemment décrit, procédant à travers la gradation mentionnée. Dieu a nommé chaque gardien naturel pour maintenir fermement son rôle assigné, assurant qu'il respecte ses responsabilités avec une dévotion inébranlable. Ces gardiens ne s'écartent pas de leurs positions sauf si cela est en accord avec l'ordre divin que le Maître de l'univers a établi. Par exemple, l'ange responsable des arbres travaille diligemment pour les soutenir. Cependant, lorsqu'un décret divin est émis pour freiner les vents d'une manière particulière, l'ange des vents agira sur l'ange des arbres, lui faisant déraciner les arbres par la force des vents, le tout conformément au décret divin.

Ce système est complexe, avec de nombreux niveaux de gradation et une richesse de détails. Il existe des anges gardiens supervisant le monde physique naturel, veillant à ce que tous les aspects du domaine physique adhèrent à leurs lois naturelles. Au-dessus d'eux se trouvent les ministres des décrets divins, qui guident les anges de la nature pour orchestrer les événements conformément à la volonté divine. Les spécificités de ce système sont nombreuses, reflétant les aspects profonds et cachés de Sa gouvernance.

Malgré la complexité de ce système, Dieu surveille tous les aspects, des plus élevés aux plus bas, des racines aux branches. Son regard est constant, Son attention inébranlable. Il guide constamment la création vers un état de perfection ultime. Cette guidance divine se manifeste différemment pour chaque individu, avec certains étant éloignés et d'autres attirés, certains raffinés et d'autres laissés au repos. Chacun reçoit l'influence divine la plus appropriée pour lui, assurant que la création dans son ensemble soit établie sur une fondation de complétude.

Dieu, dans Sa volonté, altère l'ordre de la création chaque fois qu'Il le veut, et réalise des miracles et des merveilles selon Sa volonté dans diverses affaires, selon ce que Sa Sagesse contemple comme étant adapté pour les êtres créés dans un contexte donné. Ce qu'ils ont dit, qu'Il a fait des conditions avec toute la création, ne signifie pas que dorénavant Il ne fera aucun changement, car certainement Il change ce qu'Il veut quand Il veut une transformation complète. Plutôt, la question est qu'au moment de la création, Il a montré et fait connaître à toutes les racines des créations leurs affaires et leur véritable existence, le but pour lequel elles ont été créées, vers quoi elles étaient destinées à évoluer à travers leurs permutations et ce qui finirait par advenir d'elles. Elles ont atteint et ont su que tout se dirigeait vers la bonne fin véritable. Elles ont accepté et se sont réjouies de la chose. C'est ce qu'ils ont dit, que "Toute la création a été créée avec leur connaissance."[14]

Quand Dieu leur a fait connaître la vérité de leur existence et de leurs lois, et la vérité de toutes leurs incarnations, Il leur a également montré que ces miracles se produiraient pour Israël ou ses justes à ces moments-là, selon ce qui est nécessaire pour leur perfection. Cette affaire a été déclarée aux racines supérieures. Ensuite, sur la base de tout cela, cela est descendue par émanation et s'est établie dans la physicalité comme mérité dans chaque cas. Des fiduciaires ont été établis sur eux qui les soutiennent selon leur loi naturelle.

Quand Dieu le souhaite, Il décrète sur ces fiduciaires et ils s'écartent de leurs positions ainsi que leurs affaires et leur cours naturel selon le décret sur eux. Le décret pourrait les atteindre de diverses manières - signifiant par exemple qu'il pourrait les atteindre comme un commandement du roi sur eux, ou comme une réprimande d'un tyran en colère, comme le verset dit "Il a réprimandé la Mer des Joncs et elle s'est asséchée,"[15] et d'autres manières semblables selon le contexte dans son temps.

---

[14] Houlin. 60a
[15] Tehilim. 106,9

Chapitre 6 - l'Ordre de la Providence

Le Seigneur a décrété que la gouvernance de Son monde entier devrait suivre un ordre structuré, semblable à celui des royaumes terrestres. Cela s'applique à la fois au jugement des actions de ceux dotés du libre arbitre et au renouvellement du monde et de ses habitants. Les sages ont souligné cette parallèle, en déclarant : « Le royaume céleste ressemble aux royaumes terrestres. » Cela signifie que la gouvernance divine fonctionne à travers des cours et des conseils, avec leurs procédures et protocoles respectifs. Pour faciliter cela, le Seigneur a établi une variété de cours spirituelles, chacune positionnée à des niveaux spécifiques et suivant un ordre particulier. C'est devant ces cours que toutes les affaires nécessitant un jugement sont présentées. De plus, c'est à travers les décrets émis par ces cours que toutes choses sont maintenues et renouvelées, comme Daniel l'a exprimé, « La parole est prononcée par le décret des veilleurs, etc. »

Dieu, se manifeste dans tous ces conseils divins, leur accordant Son émanation, et les établissant sur la véritable nature de la matière. Cela garantit que le jugement rendu est véridique. Dans certains de ces conseils, le Saint, béni soit-Il, se positionne comme le chef, comme indiqué dans le verset, « J'ai vu Dieu assis sur Son trône, et toute l'armée céleste se tenait à Ses côtés, à Sa droite et à Sa gauche. »[16] Les sages ont expliqué cela, notant que certains anges plaident en faveur du mérite tandis que d'autres plaident pour la culpabilité. Daniel en a également parlé, disant, « Jusqu'à ce que des trônes soient dressés et

---

[16] Rois. 22,19

l'Ancien des jours s'assit... Il s'assit en jugement, et les livres furent ouverts.»[17] Cependant, l'essence de la matière est la suivante : comme nous l'avons déjà expliqué, il y a une grande précision dans le jugement de chaque personne. Généralement, pour tout individu, de nombreux arguments peuvent être avancés, issus de diverses causes, menant à une multitude de jugements juridiques. De même, pour chaque action entreprise par une personne, il y a des aspects qui pourraient être vus comme méritoires et d'autres comme coupables, de nombreuses manières différentes. C'est parce que toutes les affaires dans le monde sont intrinsèquement complexes, composées de nombreux éléments différents et tirées de diverses manières.

Tous ces aspects sont dévoilés dans les cours célestes dans leur véritable forme. Chaque être angélique dans la cour perçoit l'un de ces aspects selon sa propre nature, jusqu'à ce que, collectivement, tous les aspects soient révélés sans rien de caché. La matière est alors pesée selon tous ces aspects et un décret approprié est émis. La décision finale est prise par le chef de cette cour particulière. Si c'est l'une des cours où le Seigneur choisit de siéger comme chef, même s'Il voit tout, Il permet à tous les anges ministres de présenter leurs arguments selon les aspects de la matière qui leur sont révélés. Il finalisera alors le cas et prononcera le verdict approprié.

De cette compréhension fondamentale, il découle que le Saint, béni soit-Il, ne juge pas le monde basé uniquement sur Son

---

[17] Daniel. 7,9

omniscience. Au lieu de cela, Il juge selon les systèmes qu'Il a voulus et établis à cet effet. Une partie de cette ordonnance divine est qu'aucune affaire ne soit portée en jugement dans aucune de ces cours célestes tant qu'elle n'a pas d'abord été présentée devant des surveillants désignés. Ces surveillants sont des êtres angéliques, désignés par Dieu pour observer tout ce qui se passe dans le monde. Ils apportent leurs témoignages à la cour céleste, où les affaires sont ensuite jugées. Il est important de noter que ces procédures ne sont pas des sources d'informations pour Dieu, car Il n'en a pas besoin ; Il voit tout éternellement. Plutôt, c'est le système qu'Il a décrété dans Sa profonde Sagesse, et c'est selon ces systèmes que le monde fonctionne en vérité. Les versets bibliques qui parlent en termes tels que « Dieu est descendu voir»[18], « Les fils de Dieu sont venus se tenir devant Lui »[19], « Les yeux de Dieu parcourent toute la terre »[20], et « Ceux que Dieu a envoyés pour patrouiller la terre », font tous allusion à ces chemins de la providence et aux systèmes qu'Il a ordonnés. Les anges désignés pour surveiller les affaires dans le monde et témoigner à leur sujet sont appelés « Les yeux de Dieu ».

Lorsque Dieu, béni soit Son nom, se révèle dans l'une des cours pour juger une affaire, comme dans le cas des constructeurs de la Tour de Babel comme il est dit « Dieu est descendu voir », le même processus s'applique à tout cas similaire. Cependant, il est crucial de comprendre que bien que les systèmes de jugement divin puissent être comparés à ceux des royaumes

---

[18] Bereshit. 11,5
[19] Job. 1,6
[20] Zacharie. 4,10

terrestres, l'exécution effective des affaires n'est pas exactement la même. Dans le domaine physique, les affaires sont menées selon la compréhension et les manières humaines, tandis que dans le domaine spirituel, les affaires se déroulent selon la Sagesse et les manières divines.

Le Seigneur a nommé le procureur, qui est Satan, comme décrit dans le verset « Le Satan est venu parmi eux »[21]. Le rôle de Satan est de demander un jugement dans les cours, et quand il fait ses demandes, les juges sont invités au jugement. Par Son attribut de bonté, Dieu ne commence pas le jugement jusqu'à ce que l'accusateur apporte ses accusations, même si les transgressions du pécheur sont clairement visibles à Ses yeux. Pour cela, Dieu a établi des lois et ordonné des systèmes, dictant comment et quand l'accusateur peut apporter ses accusations. Cela se reflète dans les enseignements des sages, tels que « Satan accuse au moment du danger »[22], « Trois choses rappellent les péchés d'un homme à l'esprit »[23], et bien d'autres similaires. Pour toutes ces affaires judiciaires, générales et spécifiques, il existe des lois et des chemins établis, comme décrété par Sa divine Sagesse. Ces lois dictent les temps de jugement et ses divers aspects. Cela se reflète dans les déclarations des sages, telles que « Le monde est jugé en quatre périodes »[24], « Le Roi entre d'abord, précédé par Sa colère », « Le grain est jugé deux fois », ainsi que les distinctions entre avant et après qu'un décret soit émis, parmi plusieurs autres détails.

---

[21] Job. 1,6
[22] Gen. Rabba 91,12
[23] Berakhot. 55a
[24] Rosh Hachana. 16a

Chapitre 7 - l'Influence des Étoiles

Nous avons déjà établi dans la Partie I que toutes les entités physiques ont leurs origines dans des forces séparées. Ces entités sont d'abord enracinées de diverses manières au sein de ces forces, et par la suite, elles doivent être transmises et manifestées dans le domaine physique sous leurs formes requises. À cette fin, les sphères célestes et leurs étoiles ont été créées, permettant le transfert de toutes les affaires, initialement enracinées dans la spiritualité, vers le monde physique, en garantissant qu'elles se matérialisent sous la forme voulue. Le nombre, la hiérarchie et les divisions des sphères ont été méticuleusement déterminés par la Sagesse suprême pour faciliter ce transfert. À travers ces sphères, le pouvoir de l'existence est accordé aux entités, transformant l'état de leurs racines spirituelles en manifestations physiques.

Le Créateur a insufflé une autre fonction à ces étoiles. Elles gouvernent également l'occurrence d'événements aléatoires et de résultats dans le monde physique. Après que ces événements soient préordonnés dans le domaine spirituel, ils sont canalisés à travers les étoiles pour se manifester dans le monde physique sous leurs formes prédéterminées. La vie, la richesse, la Sagesse, la progéniture et d'autres affaires sont d'abord établies dans leurs racines spirituelles puis tirées vers leurs branches physiques sous la forme appropriée à travers les étoiles. Ce processus suit des classifications, des combinaisons et des incarnations spécifiques qui ont été prédestinées pour eux. Tous les événements aléatoires dans le domaine physique sont répartis parmi les étoiles, les catégorisant en différents types. Toutes les entités physiques sont placées sous leur domination, pour être influencées et renouvelées selon les émanations des constellations et leurs connexions individuelles avec elles.

Tous les humains sont également soumis à cet ordre céleste, recevant des influences selon les émanations des constellations. Cependant, il est possible que l'influence des étoiles soit annulée par une force supérieure et suprême. C'est la base de l'expression, "Il n'y a pas de constellation pour Israël"[25], indiquant que le pouvoir du décret divin et de l'influence surpasse l'influence des constellations, résultant en des résultats déterminés par l'influence supérieure plutôt que l'influence stellaire.

Les lois régissant l'influence des étoiles sont également finies et déterminées par la Sagesse suprême. Certains aspects de ces lois peuvent être discernés à travers des observations astronomiques, fournissant aux astrologues des aperçus partiels des événements futurs. Cependant, ils ne peuvent saisir l'intégralité de l'ordre céleste, et leurs prédictions ne sont pas toujours précises. De plus, comme mentionné précédemment, l'influence des étoiles peut être annulée, limitant davantage la précision des prédictions astrologiques. Cela se reflète dans l'expression, " aperçus partiels " - indiquant que les aperçus gagnés à partir des étoiles ne sont pas complets.

---

[25] Chabbat. 156a

Chapitre 8 – Détails de la Providence

Dans Sa providence précise, le Créateur s'assure que tous les aspects de la gouvernance divine et ses méthodologies sont enracinés dans la justice et adhèrent aux principes de la loi, comme exprimé dans les phrases, "La verge de l'équité est la verge de ton royaume"[26], et "Un roi établit la terre par la justice."[27] Nous comprenons que la volonté divine est intrinsèquement bienveillante, et Son amour pour Ses créations est comparable à l'amour d'un père pour son fils.

Cependant, par amour, il convient à un père de discipliner son fils pour le bien ultime de ce dernier, comme il est dit, "Car comme un homme châtie son fils, ainsi l'Éternel, ton Dieu, te châtie."[28] Ainsi, la justice et la loi proviennent de l'amour, et le châtiment divin n'est pas punitif mais plutôt une correction paternelle visant au bien-être de l'enfant. De cette fondation, deux résultats surgissent : premièrement, le châtiment est tempéré avec miséricorde, le rendant plus doux ; deuxièmement, il y a des moments où la Sagesse divine nécessite de contourner la loi entièrement en faveur de la miséricorde, comme il est dit, "Et Je ferai grâce à qui Je ferai grâce, et J'aurai miséricorde à qui J'aurai miséricorde."[29] Puisque l'humanité s'est vu accorder le libre arbitre, la providence divine semble être conditionnée par les actions

---

[26] Psaumes. 45,7
[27] Proverbes. 29,4
[28] Devarim. 8,5
[29] Shemot. 33,19

humaines, récompensant ou punissant les individus en fonction de leurs actes. Cependant, en réalité, le Créateur n'est lié par aucune loi ni influence extérieure, et Il agit selon Sa volonté. Pour l'administration de la justice, Il choisit d'opérer dans le cadre de la récompense et du châtiment basés sur les actions humaines. Pourtant, lorsque la Sagesse divine juge nécessaire de transcender les limites de la justice, Il exerce Sa souveraineté et Sa toute-puissance pour pardonner les transgressions et rectifier les dommages. la providence basée sur le système de récompense et châtiment, et la providence basée uniquement selon Son autorité. Les deux formes de providence reflètent la vigilance constante et le soin du Créateur pour Ses créations, maintenant Sa création avec puissance et habileté afin que les actions malveillantes des humains ne la détruisent pas.

Il est crucial de comprendre que l'émanation divine est double : elle concerne à la fois le corps et l'âme. En ce qui concerne le bien-être physique, nous avons déjà discuté de la manière dont l'émanation divine influence la prospérité et la santé d'un individu dans ce monde. Quant à l'âme, l'émanation divine concerne la croissance intellectuelle et spirituelle, ainsi que la proximité d'un individu avec le Créateur. Un état prospère dans ce monde se caractérise par la Sagesse, le dévouement au Créateur, la clarté de la vérité, la suppression de la méchanceté, le rejet de la tromperie et l'adoration exclusive du Créateur. Dans un tel état, les vertus prévalent, les vices sont évités, et la tranquillité abonde, libre de troubles et de mal. Le Créateur révèle Sa gloire dans le monde, se délecte des actions de Ses créations, et Ses créations trouvent joie et accomplissement en Sa présence.

À l'inverse, un état de déclin se caractérise par l'indulgence dans les désirs, la négligence de la Sagesse, une dévotion rare, la prévalence du mensonge, la domination de la méchanceté et la prolifération de l'idolâtrie. Les vertus sont rares, les vices sont omniprésents, la tranquillité est absente, et les troubles et les maux sont prévalents. Dans cet état, le Créateur cache Sa gloire, le monde fonctionne comme s'il était laissé au hasard et aux forces naturelles, et ni le Créateur ni Ses créations ne trouvent de joie l'un dans l'autre. Les méchants prospèrent, tandis que les justes sont opprimés. L'émanation divine influence ainsi tous les aspects liés au corps et à l'âme, façonnant l'état du monde et de ses habitants.

Comme expliqué précédemment dans la Partie I, Chapitre 4, la condition humaine dans ce monde est intrinsèquement enracinée dans la matérialité et l'obscurité, mais elle est également agrémentée d'une illumination divine, qui confère la connaissance et l'intellect. À l'origine, les humains possèdent une connaissance limitée, mais à mesure qu'ils mûrissent, leur compréhension grandit. La source de toute existence et connaissance est l'émanation divine, qui varie selon le degré d'illumination divine ou de dissimulation, comme discuté dans la Partie I, Chapitre 4. Cette dichotomie entre illumination et dissimulation est le fondement de tout le bien et le mal dans le monde. L'émanation divine, caractérisée par l'illumination ou la dissimulation, suit les décrets de la Sagesse divine. L'illumination apporte la prospérité, le mérite et l'honneur, tandis que la dissimulation entraîne la privation, la grossièreté et la bassesse. Puisque l'existence des êtres et la providence qu'ils reçoivent sont complexes et multifacettes, englobant des aspects d'abondance et de manque, de mérite et de démérite, d'honneur et de bassesse, l'émanation divine qu'ils reçoivent doit être un mélange nuancé d'illumination et de dissimulation, adapté à leurs besoins et destins spécifiques. Cette interaction complexe des forces divines façonne l'existence et les expériences de tous les êtres.

Lorsque nous observons les conditions globales du monde depuis son commencement, en tenant compte des événements historiques et des révélations prophétiques, nous discernons un quatrième niveau dans la progression de l'humanité. Ce niveau peut être comparé aux étapes de la vie d'un individu, de la naissance à la maturité.

Le premier état se caractérise par une ignorance généralisée et une obscurité profonde, avec une absence profonde de véritable connaissance sur le Divin. C'est un état d'imperfection extrême, désigné par les sages comme "deux mille ans de chaos."

Le deuxième état, qui est une amélioration du premier, ressemble à notre ère actuelle. Nous avons la chance de posséder la connaissance de l'existence de Dieu et de Sa perfection et nous avons accès à Sa Torah. Cependant, nous manquons de la présence de signes, de merveilles et de prophétie, et la véritable compréhension qui vient de l'Esprit Saint est absente. L'intellect humain, acquis par l'effort personnel, est considérablement inférieur à la Sagesse divine accordée par le Créateur.

Le troisième état, supérieur au deuxième, est similaire à l'époque du Temple, marquée par la présence de signes, de merveilles et de prophétie. Cependant, cette émanation divine était limitée à des individus choisis et n'était pas aussi facilement accessible en raison de divers obstacles.

Le quatrième et l'état le plus élevé, surpassant tous les états précédents, il s'aligne avec la vision prophétique du futur. Dans cette ère, l'ignorance sera éradiquée, l'Esprit Saint sera abondamment versé sur toute l'humanité, et la Sagesse divine sera accessible sans aucune entrave. Cet état signifie l'achèvement du développement spirituel de l'humanité, inaugurant une ère d'ascension perpétuelle et de bonheur éternel.

En examinant plus avant l'émanation spirituelle, nous constatons qu'elle est sujette à des limitations spécifiques en termes de temps, de lieu et d'autres conditions. Le Créateur a décrété que l'émanation divine devrait se manifester de manières particulières à certains moments, et non à d'autres, et de même dans des lieux spécifiques, et non dans d'autres. Ces subtilités sont méticuleusement calibrées pour optimiser le bien-être de la création. La sainteté des jours saints et des lieux sacrés découle de ce principe, car ce sont des moments et des espaces où les individus peuvent recevoir une plus grande part d'émanation divine, menant à un éclaircissement accru, un mérite et une élévation spirituelle accrus.

Troisième Partie - L'âme Humaine – Prophétie

Résumé de la Troisième Partie

Partie 3 - Chapitre 1

L'âme divine subtile de l'homme influence à travers les rêves lorsqu'elle est quelque peu détachée pendant le sommeil. Elle maintient une connexion supérieure partielle tout au long de la vie. La prophétie est une saisie écrasante et palpable de la révélation divine. L'âme agit subtilement, discernable à travers les rêves lorsqu'elle est détachée pendant le sommeil. La prophétie est une rencontre divine claire et tangible.

Partie 3 - Chapitre 2

L'homme peut transcender les limites de la nature en utilisant les noms sacrés pour puiser des influences spécifiques s'il en est digne. L'utilisation abusive est interdite. Les noms sacrés contraignent les anges à se conformer dans les paramètres désignés. Les noms sacrés annulent certaines limites, permettant l'élévation spirituelle dans cette vie pour canaliser les influences.

Partie 3 - Chapitre 3

La prophétie provoque une expérience et une compréhension écrasantes au-delà de la nature. Tous les prophètes subissent de puissantes secousses physiques alors que leurs facultés sont suspendues dans la révélation divine. La compréhension vient de l'attachement de l'âme. La prophétie de Moshe était sans pareille.

Chapitre 1 – L'âme Humaine

Comme précédemment expliqué dans la Partie I, Chapitre 3, l'homme possède une caractéristique unique que l'on ne trouve pas en tout autre être créé : la fusion de deux existences éloignées et distinctes en lui - le corps et l'âme. L'homme a une âme existentielle, tout comme toutes les créatures vivantes, qui lui permet la sensation et la compréhension inhérentes à sa nature. Cette âme, présente en toutes les créatures vivantes, est une existence très subtile et distincte. Elle pénètre dans la semence après la conception, se développe, et commence à construire le corps selon les besoins spécifiques de cette espèce.

Au fur et à mesure de son développement, elle étend également la sensation et la compréhension appropriées à cette espèce. Il existe une variance notable dans les capacités de compréhension des différentes créatures vivantes, les êtres humains se distinguant par leurs capacités cognitives supérieures. Tout ce processus se déroule naturellement, suivant les lois de la nature et en fonction des capacités servant l'âme, qui varie d'une espèce à l'autre.

En plus de ces facultés, les êtres humains possèdent toute une gamme de pouvoirs au sein de leur âme, tels que l'imagination, la mémoire, l'intellect et la volonté. Chacun de ces pouvoirs opère dans des limites connues et de manière spécifique.
Au-delà de tout cela, les humains possèdent une âme très distincte et suprême. Son but premier est de connecter

l'homme aux racines supérieures, nécessaires pour que ses actes produisent des effets considérables dans les forces supérieures. Cette âme suprême tire des émanations pour l'homme des sources supérieures, les canalisant vers l'âme existentielle, puis vers le corps. Elle guide l'âme inférieure, la poussant vers les actions nécessaires à chaque instant de la vie d'un homme, en fonction de ses connexions avec des entités supérieures. Cette âme se connecte à l'âme inférieure (animale), qui, à son tour, se connecte à la partie la plus subtile du sang, liant ainsi le corps et les deux âmes.

Cette connexion soumet l'âme supérieure à certaines limites et l'empêche de s'associer avec des existences spirituelles séparées tant qu'elle reste connectée au corps - essentiellement, tout au long de la vie d'une personne. Les actes du corps l'influencent, déterminant si elle se connecte à la lumière Divine ou se détourne pour s'accrocher à des forces impures. Cela dépend de la préparation de l'individu à atteindre sa perfection destinée ou de son écart par rapport à celle-ci. L'âme supérieure influence l'âme inférieure, imprimant la compréhension, les pensées et la volonté selon son orientation.

Bien que nous la considérions généralement comme une seule âme, elle se compose en fait de nombreuses parties et niveaux, presque comme de multiples âmes reliées en chaîne. De ces niveaux interconnectés, se forme l'âme supérieure générale. Certaines parties de cette âme peuvent partir temporairement et revenir plus tard, ou de nouveaux niveaux peuvent être ajoutés, puis repartir, sans aucun impact visible sur le corps. L'influence de ces âmes sur le corps est imperceptible ; elles n'ajoutent ni ne retranchent de vitalité ou de sensation. Leur rôle est de déterminer la vraie nature de l'homme et sa relation avec les royaumes supérieurs, selon son aptitude à la connexion. Cela inclut le concept de l'âme supplémentaire qui arrive le Shabbat et repart à sa conclusion, un processus non ressenti par le corps. Les parties générales de l'âme se divisent en cinq niveaux : Nefesh, Ruach, Neshamah, Chayah et Yechidah.

Malgré ses connexions avec le corps, cette âme supérieure connaît des événements spécifiques adaptés à sa nature, maintenant une certaine connexion avec le royaume spirituel. Cela ne se traduit pas en pensées ou intellect perceptibles ou reconnaissables chez l'homme, sauf occasionnellement et de manière minimale. C'est ce que les sages voulaient dire quand ils ont déclaré : "Même s'il ne voit pas, son Mazal (constellation) voit."[30] L'implication est que cela atteint l'âme supérieure mais ne s'étend pas complètement à la pensée consciente et à l'intellect, résultant seulement en un léger éveil.

La Sagesse suprême a délimité le temps en deux segments distincts : une période pour les activités des hommes et une période pour leur repos, identifiée comme le jour et la nuit. Le jour est réservé à l'activité, tandis que la nuit est destinée au repos. Inhérente à la nature des créatures vivantes est la propension à dormir, leur accordant à la fois répit à leur corps et à leur esprit de leurs efforts. Cette période de repos facilite le rajeunissement de toutes leurs facultés physiques et

---

[30] Meguila. 7a

mentales, leur permettant de reprendre leurs tâches le matin avec une vigueur renouvelée. Pendant le sommeil, les facultés d'un individu sont réprimées, ses sensations apaisées, et ses capacités cognitives entrent dans un état de calme et de repos. La seule faculté restant active est l'imagination, qui conjure des images basées sur des impressions résiduelles des heures de veille, ainsi que des influences de vapeurs et de fumées montant au cerveau, provenant de processus corporels naturels ou d'aliments ingérés. Ce phénomène sous-tend les rêves de tous les individus.

De plus, le Créateur a ordonné que l'âme supérieure, comme discuté précédemment, se détache partiellement de ses liens physiques pendant le sommeil. Des composantes spécifiques de l'âme, s'étendant jusqu'au niveau du Ruach, sont censées monter et se détacher du corps, laissant seulement le Nefesh en conjonction avec l'âme inférieure. Ces composantes d'âme désengagées interagissent alors avec le royaume spirituel, s'engageant avec les gardiens des phénomènes naturels, les anges malfaisants ou les démons, selon divers facteurs. Occasionnellement, les perspectives acquises lors de ces interactions filtrent jusqu'à l'âme inférieure, incitant l'imagination à générer des images. La véracité de ces idées varie, dépendant de la nature de l'intermédiaire par lequel elles ont été acquises. Cette information atteint ensuite l'imagination, où elle est visualisée, parfois avec clarté, parfois avec confusion due aux images déformées provenant des vapeurs. Ainsi, les individus peuvent recevoir des avertissements ou des révélations concernant des événements futurs.

Ce processus se déroule conformément au décret divin, où la connaissance est transmise à l'âme via une des forces spirituelles, et visualisée subséquemment dans l'imagination, soit de manière obscure soit distincte, selon ce que détermine la Sagesse suprême. Ce concept est encapsulé dans la phrase : "Dans un rêve, une vision nocturne... puis Il ouvre les oreilles des hommes."[31] Ainsi, les rêves sont principalement des visualisations façonnées par l'imagination, soit de manière autonome, soit sous l'influence des expériences de l'âme. Le chef d'orchestre dans tous ces scénarios est l'une des forces spirituelles qui communique avec l'âme, traduisant cette information en images au sein de l'imagination. Si la force est divine, l'information est véridique ; si elle provient de forces adverses, l'information est trompeuse. Tous les rêves intègrent un mélange d'images déformées de l'imagination, comme l'exprime l'adage: "Il est impossible de rêver sans choses vaines."[32] Il existe également des rêves prophétiques, dont la nature sera élucidée séparément, si Dieu le veut.

---

[31] Job. 33,15
[32] Berakhot. 55a

Chapitre 2 - Forces transcendantales et sorcellerie

Comme expliqué précédemment, toutes les créations proviennent de forces séparées générales, organisées en classes spécifiques, d'où émanent progressivement les forces physiques. La nature des forces du mal, d'où émane tout le mal dans les royaumes physiques, a également été expliquée. L'essence de la véritable existence des êtres créés réside dans les racines séparées, le domaine physique n'étant qu'une continuation de ce qui a été enraciné et établi là-bas. Tout a été arrangé et distribué selon ce qui a été jugé approprié pour la véritable existence des créations et leur objectif – ce qui devait être dans les racines et ce qui devait être dans les branches. La Sagesse suprême a tout attiré dans la chaîne de développement, transformant leur nature de forme en forme, jusqu'à ce qu'elles soient confinées à leur forme physique.

Au-dessus de tout le physique se trouve la chaîne de leurs racines, montant de plus en plus haut jusqu'aux premières forces. Chaque force reste à sa place, soutenue à son niveau et dans ses limites telles qu'imprimées par le Créateur, ne les quittant jamais. Toutes les racines influencent leurs branches selon la chaîne de développement, sans jamais dévier de leurs limites naturelles.

Cependant, la Sagesse suprême a décrété que les forces opérant dans le domaine physique devraient également avoir la capacité d'agir en dehors de l'ordre du développement. Cela signifie qu'elles peuvent accomplir des actions physiques liées à leur nature, et non à la nature du physique, altérant le physique de sa nature constante. Le Créateur a doté l'homme de la capacité d'utiliser les créations de cette façon, tout comme Il lui a permis de les utiliser naturellement. Cela signifie que de la même manière que l'utilisation naturelle n'est pas entièrement soumise à la volonté de l'homme, étant limitée à des méthodes et des frontières spécifiques (par exemple, on ne peut couper qu'avec un couteau, grimper qu'avec une échelle), l'utilisation spirituelle des créations est également confinée à des limites connues et à des méthodes spécifiques, jugées appropriées par la Sagesse suprême.

Le Créateur a établi que certaines limites, qui séparent et éloignent l'homme des créations spirituelles et de leurs sujets, peuvent être annulées. Cela libère l'homme de leurs contraintes, l'élevant au-dessus de son état physique et lui donnant accès au spirituel tout en étant encore dans son corps mortel. Cependant, les limites de la nature ne sont pas toutes destinées à être annulées, mais seulement certaines d'entre elles, jugées convenables et appropriées par la Sagesse suprême pour l'objectif général de la direction. Ces limites sont annulées dans des conditions mesurées et de manières spécifiques.

La Sagesse du Créateur a fourni des moyens pour que l'homme puisse atteindre cet objectif, s'il le désire et s'y efforce. Ces moyens lui permettent d'annuler les limites naturelles en lui-même et de s'élever au niveau susmentionné. Tout le processus dépend de ce qui sera expliqué ensuite.

Il est important de comprendre que la subsistance de toutes les créations, de manière générale et particulière, provient directement du Seigneur. Toutes les créations et leurs ordres, qu'il s'agisse de puissances supérieures, de créations spirituelles ou d'entités physiques, sont soutenues par leur dépendance à Lui. Il existe et se révèle à toutes Ses créations, les influençant de manière appropriée pour soutenir leur objectif. Ces influences sont diverses, reflétant la variété des destinataires et leurs différences. L'existence de tous les êtres dépend de ces influences, qui sont catégorisées et détaillées selon leur nature. Lorsque ces influences sont utilisées, tous les descendants nés d'elles viennent à l'être, suivant l'ensemble de la chaîne de la création telle qu'Il l'a arrangée. Les anges reçoivent l'illumination de Sa béatitude, qui leur est révélée selon leur capacité à la recevoir. Les êtres supérieurs influencent les inférieurs, et ainsi de suite, sur toute la chaîne de la création.

Le Seigneur désirait être appelé par un nom, permettant à Ses créations de se connecter à Lui, de l'invoquer, de le mentionner et de se rapprocher de lui. À cette fin, Il a désigné un nom spécial pour Son honneur, déclarant "Ceci est Mon Nom éternel"[33]. C'est le Nom par lequel Il est appelé, reflétant l'honneur dans lequel Il désirait être nommé. Cependant, pour tous les détails spécifiques de Ses influences, Il a différents noms. Il a décrété que lorsque Ses créations mentionnent Son nom, une illumination et une influence émaneraient de Lui vers elles, comme le verset l'indique "En tout lieu où Mon Nom sera

---

[33] Shemot. 3,15

mentionné, Je viendrai à toi et te bénirai"[34]. Le type d'influence qui émane dépend du nom utilisé pour l'invoquer. L'influence qui émane sera du même type que celle que le Nom représente par rapport à Lui, Béni soit-Il. L'influence se poursuit sur toute la chaîne de la création, comme expliqué précédemment.

Cependant, la Sagesse suprême a établi des limites et des conditions spécifiques pour ce processus. Lorsque la mention de Son nom est complète et alignée avec ces conditions, l'influence spécifique émanera et le résultat se produira. Se connecter à Lui et s'attacher à Lui est certainement requis pour la première question, qui implique de mentionner Son Nom Béni pour attirer l'influence de Lui. Plus on s'engage dans cette pratique, plus il devient facile d'atteindre l'objectif souhaité. Pour la deuxième question, cette condition n'est pas nécessaire, bien que sa présence aide si elle est présente. Après qu'il a été établi comme un pouvoir inné de ces Noms que les anges seraient contraints par leur mention, ils retournent à leur état naturel, permettant à l'utilisateur de les faire agir selon sa volonté, à condition qu'il les utilise de manière appropriée.

Cependant, il est clair qu'il n'est ni approprié ni convenable qu'une personne ordinaire utilise le sceptre d'un roi. Sur cette question, les Sages ont déclaré "Celui qui fait usage de la couronne périt"[35]. La permission pour cette pratique n'est accordée qu'à ceux qui sont saints et proches de Lui, qui s'attachent à Lui, et qui utilisent ce pouvoir pour sanctifier Son Nom Béni et accomplir Sa volonté de toutes les manières

---

[34] Shemot. 20,21
[35] Avot. 1,13

possibles. Sans cela, même si l'action ne sera pas empêchée par celui qui les utilise s'il suit les méthodes appropriées, il sera puni pour son audace. Comme indiqué précédemment, la pratique n'est pas absolue et est limitée aux frontières jugées appropriées par la Sagesse suprême. Même dans ces limites, Son décret Béni empêchera le résultat chaque fois qu'Il le jugera bon, lorsque Sa Sagesse détermine que la prévention est appropriée et convenable.

Après que le décret de Sa Sagesse fut qu'il y aurait le bien et le mal dans le monde, l'ordre était que le mal se trouverait vraiment à tous les niveaux où il est possible d'exister, et le travail de l'homme serait d'empêcher son contrôle et son action de toutes les manières et à tous les niveaux, jusqu'à ce que sa question soit complètement supprimée de la création. Cependant, pour le Maître des mondes, Son essence véritable exclut tout type de déficience, comme expliqué dans la Partie 1 Chapitre 1, et seules des déficiences et des maux peuvent se trouver dans les créations. Voici, l'ordre était de créer des niveaux de bien pour les créations, et de leur créer l'opposé, qui est l'existence de ce qui est possible pour le mal. L'homme avec son service le supprime complètement de toute la création, et y établit dans la création le bien éternel.

Par conséquent, l'ordre était qu'en opposition à chaque bien se trouverait un mal, c'est ce que le verset indique "Cet opposé que Dieu a fait"[36]. Seulement dans une question le bien dépasse le mal, car la racine du bien est Son éternelle et suprême

---

[36] Eccl. 7,14

perfection, tandis que le mal n'est rien d'autre qu'une chose créée à annihiler, et il n'existe que tant que se poursuit l'entreprise susmentionnée de l'homme.

Selon cette voie, de même que le Créateur a fourni à l'homme un moyen d'atteindre par elle l'illumination et la prophétie au-delà de la voie de la nature, il était également nécessaire que pour ce grand bien, que l'opposé existe, à savoir que l'homme soit capable d'attirer l'obscurité, l'opacité et un esprit d'impureté au-delà de la voie naturelle. C'est la question des impuretés, de la sorcellerie et de la communication avec les morts, dont la Torah nous a éloignés. Leur but est d'attirer, au moyen de mentions avec des conditions connues, des influences d'impureté et de contamination, ce qui est le plus grand éloignement de Lui, qu'Il soit béni, qui est l'opposé de l'attachement à Lui, littéralement.

La question découle de ces forces du mal que nous avons mentionnées dans la Partie 1 Chapitre 5, qu'il a été décrété sur elles par le Créateur qu'elles seraient mentionnées par des noms et que par leur mention une attraction d'impureté émanerait d'elles à des niveaux connus au-delà de la voie naturelle. De même, elles accompliraient des actions au-delà de leurs actions naturelles, selon les actions qui ont été transmises à ces forces opérantes à accomplir, et dans les limites qui leur ont été imposées.

Aussi, par l'intermédiaire de démons, des actions de ce type seront accomplies, selon ce qui leur a également été transmis à réaliser, et dans les limites spécifiques désignées pour eux. Dans la même mesure où ils se sont vu attribuer la capacité d'agir, le

Créateur a décrété que les préposés à la nature, qui maintiennent les affaires du monde dans leur état naturel, ainsi que tous les anges qui apportent les influences selon le système ordonné, se retireraient devant eux. À ce sujet, les sages, que leur mémoire soit bénie, ont déclaré "Les sorcières - qui font taire l'entourage céleste"[37].

Cependant, ce ne sera que dans cette mesure et pas plus. Même dans cette même mesure, ils peuvent certainement encore être repoussés par une force plus puissante que la leur, et leurs actions peuvent être empêchées par Son décret. À ce sujet, il est écrit "Il n'y a personne d'autre que Lui"[38] - même [contre] les sorcières. Ils ont expliqué que c'est pour celui dont les mérites sont grands, qu'ils le sauveront du ciel et repousseront ceux qui cherchent à lui nuire, tel qu'expliqué dans le Talmud: "Rabbi Hanina est différent, car ses mérites sont nombreux"[39].

---

[37] Houlin. 7b
[38] Devarim. 4,35
[39] Houlin. 7b

Chapitre 3 - L'Esprit Saint – La Prophétie

Le Créateur a inscrit dans la nature humaine la capacité de comprendre et de saisir lorsqu'on observe la création, en contemplant ce qui est révélé et en explorant l'inconnu jusqu'à une pleine compréhension. C'est le chemin de la compréhension naturelle. Cependant, Il a institué une forme supérieure de compréhension - la compréhension émanée. Cela implique la transmission de la connaissance directement du Créateur à travers des moyens spécifiques qu'Il a établis. En recevant cette influence, une personne acquiert une compréhension sans équivoque d'une question dans toutes ses causes et ses effets, selon sa capacité. Ce phénomène est appelé l'Esprit Saint.

À travers ce processus, on peut saisir des questions relevant de la compréhension naturelle avec une clarté et une précision inégalée, comme expliqué précédemment. En outre, cela permet de comprendre des questions au-delà de la portée de la compréhension naturelle, y compris les événements futurs et les choses cachées.

Cependant, ce phénomène varie en degrés, influencé par la force du flux émané, son temps, la manière dont il est reçu, et la nature de la connaissance révélée. Malgré ces variations, le destinataire percevra toujours la révélation de manière tangible. Néanmoins, il peut y avoir des cas où le flux émané influence subtilement le cœur d'une personne, l'éclairant sur une question d'une manière similaire à une pensée spontanée.

Cette forme plus discrète de l'esprit saint est moins perceptible, mais elle joue un rôle essentiel en guidant le destinataire vers une compréhension plus profonde et plus intuitive des questions à portée de main.

Au-delà de l'Esprit Saint se trouve la prophétie, un état où une personne se connecte directement avec le Créateur, s'attachant à Lui de manière palpable. L'individu ressent cette connexion et comprend la gloire divine d'une manière qui sera expliquée plus en détail. Cette réalisation est claire et tangible, libre de tout doute, assimilable à la certitude que l'on ressent lors de la perception d'un objet physique. L'essence de la prophétie est cette saisie de la connexion et de la compréhension divine, atteinte durant la vie d'une personne, signifiant une immense perfection spirituelle. Accompagnant cet état se trouve une profonde compréhension des secrets divins, obtenue grâce à la compréhension émanée, avec une clarté et une intensité surpassant celles de l'Esprit Saint, comme il sera discuté, si Dieu le veut.

Cependant, cette connexion n'est pas directe. Le prophète ne saisit pas la gloire divine comme on voit directement une autre personne. À la place, des intermédiaires servent à cette fin, fonctionnant comme une lentille aidant la vision, facilitant la rencontre divine. Le vrai objet de cette connexion est la gloire divine elle-même, bien que la nature de la connexion varie avec les intermédiaires, de façon similaire à l'observation à travers un microscope. Des niveaux de proximité, de clarté et d'opacité de la lentille sont discernables dans ce processus.

Lors de la révélation divine et de l'émanation de son flux, le prophète fait l'expérience d'une force écrasante, provoquant des tremblements et des bouleversements physiques, témoignant de l'incapacité du corps humain à endurer une telle révélation spirituelle, surtout de la gloire divine. Tous les sens et les facultés mentales cessent de fonctionner indépendamment, suspendus dans le flux divin. La connexion de l'âme entraîne une compréhension au-delà des capacités humaines, la compréhension découlant désormais de la connexion divine. Ce qui est compris dans cet état dépasse la nature inhérente de la connaissance elle-même. Telle est la nature générale de la prophétie pour tous les prophètes, bien que des niveaux spécifiques varient, comme discuté précédemment. Au-dessus de tous se trouve Moshe Rabenou, dont la prophétie unique est attestée dans la Torah, ayant connu Dieu face à face[40].

Lorsque Dieu Se révèle et dispense Son influence sur le prophète, cela submerge le prophète d'une grande force, et immédiatement sa physicalité et tous les membres de son corps tremblent et ont l'impression de se retourner, car telle est la nature de la physicalité - elle ne peut supporter la révélation spirituelle, sans parler de la révélation de la gloire de Dieu. Ses sens sont anéantis, et même ses facultés mentales ne fonctionnent plus du tout de manière autonome, mais restent plutôt suspendues en Dieu et dans Son influence émanante. Par l'attachement de son âme, une possibilité de compréhension au-delà de toute compréhension humaine lui est ajoutée, car

---

[40] Devarim. 34,10

c'est une compréhension sous l'aspect de son lien avec son Créateur.

Ce qu'il comprendra sera donc d'une manière bien plus sublime que ce qui peut en être saisi en soi et par soi. En cela, le pouvoir du prophète surpasse même celui doté d'une inspiration divine dans l'acquisition de la connaissance, car il comprend avec une compréhension suprême au-delà de toute possibilité humaine, ce qui est compréhension sous l'aspect d'être connecté au Créateur. La révélation de la gloire de Dieu est ce qui provoquera tout ce qui vient au prophète dans sa prophétie. À partir d'elle, par le pouvoir imaginatif de l'âme du prophète, des choses seront imaginées qui sont nécessitées par la révélation suprême, et pas du tout de son propre chef. De ces imaginations découleront pensée et compréhension, gravées par la puissance de la gloire révélée, et la question restera fixée dans son intellect, de sorte que même lorsqu'il retourne à son état humain, la connaissance demeure dans sa conscience claire.

C'est le concept général de la prophétie pour tous les prophètes, mais il existe de nombreux niveaux particuliers, comme mentionné précédemment. Au-dessus de tous se trouvait le niveau de Moshe notre maître, que la paix soit sur lui, à propos de qui la Torah témoigne qu'aucun prophète tel que Moshe ne s'est levé en Israël et que Dieu connaissait face à face.

Chapitre 4 – L'expérience Prophétique

Un prophète, parvenant à la pleine stature de la prophétie, saisit avec clarté tout ce qui lui est accessible, doté d'une compréhension limpide et d'une connaissance complète. Ainsi, même si initialement les imaginations précèdent et les pensées suivent, comme décrit dans le chapitre précédent, lorsqu'il atteint la clarté de sa prophétie, il accède véritablement à son statut de prophète. Cela implique une connexion profonde avec le Divin, qui se révèle et agit à travers lui. Les imaginations qui se manifestent en lui, imprégnées d'influence divine, cristallisent en une connaissance ferme, laissant aucun doute sur sa prophétie et ses aspects.

Il est essentiel de comprendre qu'un prophète n'atteint pas instantanément le sommet de la prophétie. Il progresse graduellement, comme dans tout apprentissage, jusqu'à une maîtrise complète. Ce processus est illustré par les 'fils des prophètes', s'initiant aux voies de la prophétie sous la tutelle d'un maître.

Parfois, un individu peut recevoir une révélation divine sans la reconnaître immédiatement, la confondant avec des perceptions ordinaires. Ce n'est qu'avec le renforcement de l'influence prophétique qu'il perçoit la véritable nature de la révélation. L'exemple de Samuel, qui au début n'a pas identifié l'appel divin, illustre bien ce phénomène. De même, Moshe, devant le buisson ardent, n'a initialement perçu qu'une vision ordinaire, Dieu l'appela avec la voix de son père et il saisit la vraie prophétie.

Les étudiants en prophétie abordent des thèmes connus, guidés par une influence suprême qui surmonte les limites du physique, ouvrant la voie à la révélation divine et à une fusion spirituelle. Les pratiques telles que la méditation sur les noms sacrés facilitent cette ascension. Leur progression dépend de leurs actions et de leur purification. Un prophète expérimenté, familier avec ces chemins, accompagne chaque disciple vers son objectif, adaptant son enseignement à l'évolution des révélations reçues par chacun. Ce parcours nécessite un accompagnement constant, car les premières révélations ne marquent pas l'aboutissement du chemin.

Même au sommet de la prophétie, les prophètes se distinguent les uns des autres par leur niveau et leur degré, tant en quantité qu'en qualité. Cela signifie que certains prophétiseront de nombreuses fois, et d'autres ne prophétiseront que quelques fois. De même, dans la qualité de la prophétie elle-même, certains atteindront une grande adhésion au Divin et comprendront de très grands concepts, tandis que l'adhésion et la compréhension d'autres ne seront pas aussi grandes. Cependant, tous les prophètes auront une adhésion notable au Divin, et une révélation claire de Lui, si claire qu'ils n'en douteront pas. Cependant, dans l'adhésion elle-même, dans la révélation et la compréhension, les nombreux niveaux de distinction seront reconnus.

Être envoyé en mission par le Divin est l'une des expressions de la prophétie, bien que cela ne définisse pas son essence. L'essence réside dans l'union avec le Divin et dans la révélation qui en découle. Les prophètes peuvent commettre des erreurs, non dans leurs prophéties, mais dans leurs actions personnelles. L'exemple du prophète de Jéroboam, évoqué dans le Talmud[41], en est une illustration.

Un prophète peut saisir un aspect véridique de sa prophétie sans en embrasser toute la portée. Prenons l'exemple de Jonas, à qui l'annonce du renversement de Ninive comportait une double signification. Si seule la punition avait été envisagée, une nouvelle révélation aurait été nécessaire. Jonas, au départ, n'avait perçu qu'une facette de la prophétie, comme l'ont souligné nos Sages.

Pourtant, Jonas n'a initialement saisi que la première compréhension et non la seconde, et c'est ce que nos Sages ont dit, 'Jonas était celui qui ne discernait pas.'[42]

Dans la prophétie, deux distinctions sont faites : la première, la question, et la deuxième, les paroles et les expressions. Cela signifie qu'un prophète peut saisir une question parmi les questions, et elle n'est pas limitée aux mots, mais le prophète l'exprimera en mots comme il le souhaite. Certains peuvent saisir une question qui est également limitée en mots, comme les prophéties d'Isaïe, Jérémie et d'autres, où leurs paroles en prophétie sont limitées pour inclure de nombreuses questions

---

[41] Sanhédrin 89b
[42] Sanhédrin 89b

en une. Même dans cela, l'expression changera selon la propre préparation du prophète et s'adaptera également à la nature de son langage. Souvent, les prophètes reçoivent pour effectuer des actions avec leurs prophéties, comme la ceinture de Jérémie, le joug et la brique d'Ézéchiel, et bien d'autres. Leur point était que grâce à ces actions, ils stimulaient les pouvoirs supérieurs, nécessaires selon la nature de la question, et à partir de là, ils étaient opportunément et providentiellement amenés à actualiser la question au moment approprié.

Le titre de prophète est réservé à celui qui a pleinement réalisé sa vocation prophétique dans sa plénitude et qu'il prophétise véritablement du Divin. Celui qui a atteint cela n'aura aucun doute dans sa prophétie et ne se trompera pas. Cependant, au sens large, ce titre peut également être attribué à celui qui commence à atteindre des compréhensions prophétiques et a reçu une révélation au-delà du domaine humain. Cependant, celui qui n'a atteint que ces compréhensions n'est pas encore sûr et il est possible pour lui d'errer, comme les prophètes d'Achab. En effet, ceux qui connaissent bien les voies de la prophétie, connaissent tout cela avec précision, connaissent ces pièges potentiels, reconnaissent leurs signes, et la façon d'être sauvés d'eux jusqu'à atteindre la vérité de la prophétie.

Le point principal de cette question est ce qui a été dit dans la Partie 1, Chapitre 5, à propos de ces forces d'Impureté qui existent dans le monde et agissent selon ce qui est décrété dans leur nature et remis entre leurs mains. En effet, ils ont le pouvoir de tromper une personne, en l'influençant de manières semblables aux vraies voies de la prophétie, en lui révélant des questions vraies et fausses, comme l'écriture le dit explicitement à propos du faux prophète, 'Il te donne un signe ou un prodige, et le signe ou le prodige se réalise.'[43] Cela peut arriver à une personne malgré elle, ou cela peut arriver volontairement.

Les forces d'impureté peuvent induire en erreur, imitant les voies de la vraie prophétie. Elles peuvent révéler à la fois vérités et mensonges, créant des signes et des prodiges. Les faux prophètes, comme ceux de Baal et d'Ashtoreth, choisissent consciemment cette voie d'impureté, sachant qu'ils trompent. Ceux qui aspirent à la véritable prophétie doivent donc être guidés par un enseignant avisé pour éviter ces écueils et atteindre la vérité de la prophétie.

L'incident impliquant le prophète d'Achab et l'esprit trompeur peut être retracé à ce principe. En raison des actions d'Achab, un décret divin a déterminé qu'il trouverait sa fin à Ramoth Gilaad. Il était crucial qu'il soit confronté à une forte tentation, l'amenant à aller en guerre sans hésiter, malgré les signes évidents l'en dissuadant. Cela s'est produit lorsque Josaphat a demandé un guide divin, et que les assurances des faux prophètes n'ont pas suffi pour lui, tous ces événements se déroulant sous le regard divin.

Dans la Cour Céleste, alors que le jugement était délibéré, les accusateurs et les défenseurs ont présenté leurs causes, et divers moyens de tentation ont été envisagés. L'esprit trompeur

---

[43] Devarim. 13,2

est apparu comme l'option la plus appropriée. Les faux prophètes, en présence d'Achab, accompliraient des actions et s'adonneraient à des pratiques associées à la prophétie, visant uniquement à canaliser l'esprit impur mentionné précédemment. Leur intention n'était pas de chercher l'illumination du Divin, mais de tromper le roi et de lui faire croire qu'ils recevaient des messages divins.

En présence d'Achab, ils se sont efforcés de puiser dans cette révélation impure, et en effet, la révélation qu'ils recherchaient leur a été accordée. Cette performance devant le roi visait à renforcer sa confiance en eux, accomplissant le verset biblique: "Et tous les prophètes prophétisaient devant eux."[44]

La prophétie impure qu'ils ont reçue contenait le message: "Monte et tu réussiras, Dieu livrera le roi entre tes mains"[45], prononcé à travers eux par l'esprit trompeur. Les prophètes eux-mêmes ne se trompaient pas sur leurs pratiques; ils étaient pleinement conscients de leur engagement dans l'impureté. C'était Achab qui interprétait mal leurs actions et était trompé, au point de négliger les paroles de Michée en raison de sa foi inébranlable en ses faux prophètes.

Zekharya ben Kena'ana, cependant, est allé plus loin que les autres prophètes. Alors qu'ils se contentaient de transmettre les messages reçus de l'esprit impur, Zekharya mimait le comportement des vrais prophètes. Il croyait sincèrement en la révélation, convaincu que c'était un vrai message du Divin, et

---

44 Rois. 22,10
45 Rois. 22,16

proclamait hardiment: "Ainsi a parlé l'Eternel." Il n'avait pas appris avec précision les voies de la vraie prophétie et n'avait pas pu discerner entre le faux et le vrai.

Les Sages ont commenté cela, notant qu'il parlait de choses qu'il n'avait pas entendues et qu'il était égaré par l'esprit de Navot. Ils ont également souligné l'importance de la précision dans la prophétie, comme Josaphat l'avait mis en garde, soulignant que deux prophètes ne partagent pas le même style prophétique.

En réalité, les prophètes ont vécu quelque chose d'inhabituel à ce moment-là, une déviation de leurs pratiques habituelles, amenant Zekharya à croire à tort qu'il recevait une véritable prophétie, bien que leurs efforts étaient uniquement dirigés vers l'impureté. Cet événement extraordinaire était d'origine divine, et il est crucial de bien comprendre cela.

Chapitre 5 - La Différence Entre Tous les Prophètes et Moshe

De manière générale, les niveaux de prophétie se divisent en deux catégories : la première concerne tous les prophètes à l'exception de Moshe, et la seconde, spécifiquement Moshe. Dieu a Lui-même établi et clarifié cette distinction dans les Écritures, affirmant, 'Si quelqu'un est prophète parmi vous, Je, l'Éternel, me révélerai à lui dans une vision, lui parlerai en songe. Il n'en est pas ainsi de mon serviteur Moshe.' [46]

Pour tous les prophètes, hormis Moshe, la prophétie se manifeste principalement par des visions ou des rêves, conformément au texte, 'Je me révèlerai à lui dans une vision, et lui parlerai en songe.' Autrement dit, Dieu se sert du phénomène naturel du rêve comme d'un canal pour transmettre la prophétie. Le rêve n'est pas de même nature que la prophétie, mais constitue un moyen adapté à sa transmission par la Sagesse divine. Le rêve n'est qu'une fraction de la prophétie, car il contient des récits et informations qui dépassent l'entendement humain ordinaire, comme précédemment mentionné.

Quand l'influence prophétique augmente sur le prophète, celui-ci se déconnecte de ses sens et de sa conscience, entrant dans un état semblable au sommeil. Dans cet état, ses pensées sont celles d'un dormeur rêvant, moment où la prophétie lui est

---

[46] Bamidbar. 12,6

accordée. Cela peut survenir pendant l'éveil, comme évoqué, ou lorsqu'il est allongé sur son lit, plongé dans un rêve nocturne. Dans tous les cas, la prophétie ne lui est accessible qu'après s'être détaché de ses sens, plongeant dans une sorte de torpeur. Bien que ce processus puisse être bref, le prophète revient immédiatement à son état normal après avoir reçu la prophétie.

La vision des prophètes n'est pas semblable à celle obtenue à travers un objectif clair, où les sujets apparaissent distinctement. Leur perception est plutôt comme une vision à travers plusieurs objectifs qui transfèrent l'image de l'un à l'autre. Le sujet observé reste unique, et ses mouvements sont visibles à travers ces objectifs, bien qu'ils ne soient pas perçus directement. De plus, leur vision s'apparente à celle obtenue à travers un objectif peu clair, ne permettant pas de voir le sujet distinctement. Ainsi, ils ne peuvent voir la gloire de Dieu clairement, malgré les multiples transferts d'images, bien qu'ils perçoivent effectivement Sa gloire. Il existe de nombreux niveaux et différences parmi les prophètes, certains ayant des visions plus claires que d'autres. Néanmoins, le prophète qui perçoit tout cela saisit véritablement la question, comprenant que ce qui lui est révélé est le Créateur. Comme la gloire lui est révélée à travers ces transferts d'images, les connaissances et compréhensions lui sont également transmises à travers énigmes, paraboles et sous la forme de rêves.

La prophétie de Moshe, en revanche, est d'une nature supérieure. Premièrement, il n'avait pas besoin de se détacher de ses sens ni de rêver. Sa prophétie lui parvenait dans son état normal, comme il est dit, 'Je lui parlerai bouche à bouche.'[47] Sa compréhension lui était révélée comme à travers un seul objectif clair, et les connaissances lui étaient transmises directement et non par énigmes, comme indiqué, 'et il contemplera la forme de l'Éternel.' Pour lui aussi, la gloire était révélée dans la mesure de sa capacité de réception, comme une image dans un miroir, bien qu'il soit impossible à un humain de comprendre pleinement son Créateur. Il percevait cependant l'image dans son intégralité, comme à travers un objectif clair et lumineux, sans obstruction. Ceci est illustré par 'Et il contemplera la forme de l'Éternel,' où cette image représentée, la forme, était vue très clairement. Contrairement aux autres prophètes, qui ne pouvaient pas saisir entièrement cette image. De cette image, il acquérait une compréhension vaste et très claire, bien plus que tout autre prophète.

Une autre différence entre Moshe et les autres prophètes réside dans leur capacité de prophétiser. Alors que les autres ne pouvaient prophétiser qu'au gré de la volonté divine, Moshe pouvait communiquer avec Dieu et attirer la révélation selon le besoin. En outre, tandis que les autres prophètes ne recevaient que des sujets spécifiques, Moshe avait l'avantage de se voir révéler l'ensemble de l'ordre de la création, avec l'autorité d'explorer et de rechercher tout. Il lui a été donné toutes les clés jamais confiées à un humain, comme il est dit, 'Fidèle dans toute ma maison,'[48] et aussi, 'Je ferai passer toute ma bonté devant toi.'[49]

---

47 Bamidbar. 12,8
48 Bamidbar. 12,7
49 Shemot. 33,19

Comme tous les prophètes percevaient l'image qui leur était présentée de la gloire, ainsi comprenaient-ils le secret et le sens de cette image, c'est-à-dire la raison pour laquelle la gloire était représentée, son mode de transmission et son but. Ils comprenaient vraiment l'essence, que dans la réalité, il n'y a aucune image en Dieu, et que l'image représentée n'est qu'une création pour les yeux du prophète par la volonté divine. C'est ce qui est dit à Israël, 'Vous n'avez vu aucune forme le jour où l'Éternel vous a parlé,' et aussi, 'Car vous n'avez vu aucune forme.'[50] Ils ont véritablement saisi ces deux aspects : la véritable existence de Dieu est dépourvue de toute image ou forme, et elle est complètement libre de ces illusions.

Après cette prise de conscience, une image prophétique leur était également révélée, comme il est dit, 'Et ils virent le Dieu d'Israël.'[51] C'est pourquoi les Sages ont qualifié cela de 'vision de la parole,' qui n'est pas une vision de la gloire en vérité, mais une vision formée par le pouvoir de la parole, permettant de saisir des sujets spécifiques dans les mystères de Sa divinité, de Sa création et de Sa providence, comme nous l'avons expliqué.

---

[50] Devarim. 14,12
[51] Shemot. 24,10

Quatrième Partie - Le Service Divin

Résumé de la Quatrième Partie

Partie 4 - Chapitre 1

Le service divin comprend Torah, prière et actes pour perfectionner l'homme et rectifier la création par l'attachement à Dieu et l'abandon des liens matériels. Il nécessite le renforcement de l'âme et la réalisation de la perfection personnelle et cosmique. Le service vise la perfection personnelle et collective en transcendant la physicalité et en renforçant l'intellect et l'âme. Il a des aspects continus, quotidiens, opportuns et circonstanciels.

Partie 4 - Chapitre 2

La Torah attire l'influence divine ; la compréhension détermine l'impact. Des conditions et une pureté appropriées permettent la transformation personnelle et collective. Aucune étude de la Torah ne manque d'influence mais la profondeur détermine l'impact. L'intériorisation nécessite une intentionnalité et une conduite appropriées. La compréhension rectifie le soi et le cosmos.

Partie 4 - Chapitre 3

L'amour lie quelqu'un à Dieu. La crainte raffine la physicalité, amplifie la radiance de l'âme, soulevant quelqu'un plus près du Divin. Une grande crainte accorde une connexion constante.

L'amour donne le pouvoir et connecte à travers la joie et l'aspiration. La crainte invite l'illumination, la pureté et la présence divine.

Partie 4 - Chapitre 4

Le Shema invoque la révélation réciproque de l'unité divine tandis que la création est élevée à travers des bénédictions affirmant la souveraineté. Le Shema affirme l'unicité de Dieu dans l'existence et la domination. Les bénédictions suscitent la révélation réciproque, attirant l'influence. La récitation du Shema rectifie les facultés de l'homme et les aspects de la création.

Partie 4 - Chapitre 5

La prière se rapproche de Dieu avant les efforts mondains. L'inclination suscite la compassion. Les prières connectent la création et attirent l'influence. La prière précède les efforts mondains, assurant l'orientation appropriée. L'inclination invoque la miséricorde. Les prières suivent un ordre précis pour élever la création et attirer l'influence.

Partie 4 - Chapitre 6

La nuit donne pouvoir à l'impureté contrée par les prières du matin. Porter des Tefilin étend la lumière divine. Les prières sont parallèles aux offrandes et aux temps. Le mal domine la nuit. Les prières du matin contrarient ses effets. Les Tefilin attirent la sainteté. Les prières se connectent aux rituels du Temple. Les sections s'alignent avec les royaumes spirituels.

Partie 4 - Chapitre 7

Les jours saints fournissent la sainteté, se détachent du matérialisme. Les fêtes recréent des révélations passées à travers des observances. Les niveaux d'observance reflètent l'élévation spirituelle. Le Shabat se détache du matérialisme. Les fêtes commémorent des événements passés. Les niveaux d'observance correspondent aux états spirituels. Le but est de revivre la transcendance.

Partie 4 - Chapitre 8

Les jours fériés lient les observances aux occasions commémorées. Le Shofar surmonte le jugement avec miséricorde. La lecture de la Torah a été instituée comme rectification. Les rituels recréent les occasions spirituelles. Le Shofar éveille la compassion. La lecture publique de la Torah a été établie comme rectification. La lecture cyclique maintient une connexion constante.

Partie 4 - Chapitre 9

Les bénédictions réorientent la physicalité vers le service divin et la perfection. Les bénédictions alimentaires expriment la gratitude et sanctifient la jouissance. Les bénédictions des mitsvot montrent la gratitude et l'attachement. Les bénédictions visent à servir Dieu à travers la matérialité. Les bénédictions alimentaires honorent Dieu et élèvent la jouissance. Les bénédictions des mitsvot expriment la dévotion.

Chapitre 1 – Les Différentes Parties du Service Divin

La quatrième partie de notre discussion est centrée autour du service, le divisant en deux composantes principales : l'étude et l'action. Lorsque nous approfondissons l'action, nous trouvons qu'elle peut être divisée en quatre catégories distinctes : continuelle, quotidienne, opportune et circonstancielle.

L'aspect continuel englobe les obligations constantes que l'on a, comme la cultivation de l'amour et de la crainte envers Dieu. Les obligations quotidiennes incluent des pratiques qui devraient être accomplies chaque jour, comme la prière et la récitation du Shema, qui ont pris la place des offrandes faites dans le Temple dans les temps anciens.

Les obligations opportunes se réfèrent aux devoirs qui surviennent pendant des périodes ou des saisons spécifiques, comme les Shabatot et diverses fêtes. Enfin, les obligations circonstancielles sont celles qui surviennent en raison d'événements ou de situations particulières dans la vie, y compris des questions comme l'impureté rituelle, la dîme ou le rachat du premier-né. Chacune de ces catégories comprend à la fois des commandements et des interdictions, encourageant une pratique consistant à se détourner du mal et à s'efforcer de faire le bien.

L'essence de toutes ces pratiques, dans un sens plus large, a été explorée précédemment dans la Partie 1 Chapitre 4. De se tourner vers Dieu, cherchant à se rapprocher de Lui par les voies qu'Il a tracées pour nous. Ce voyage nécessite que nous nous débarrassions des fardeaux de la physicalité et des distractions mondaines, nous efforçant plutôt de nous rapprocher de Lui, afin d'atteindre un état de perfection à travers Sa perfection. Ceci, comme nous l'avons établi, est le désir ultime de Dieu et le but même pour lequel Il a créé le monde.

Cependant, les pratiques et obligations spécifiques que nous suivons sont déterminées par les décrets divins qui décrivent la nature de l'humanité et du monde, dans toute leur complexité. Il existe des moyens prescrits pour que l'homme atteigne la perfection de soi et contribue à l'achèvement de toute la création, le tout étant interconnecté de manière complexe dans une grande chaîne ordonnée de l'être. Dans les sections qui suivent, nous approfondirons certains des aspects les plus pertinents et universellement applicables de ces pratiques.

Chapitre 2 - L'étude de la Torah

L'étude de la Torah est un aspect indispensable de notre cheminement vers la perfection. Sans la connaissance de ce qui est attendu de nous, l'action devient impossible. Au-delà de son rôle de prérequis pour l'action, l'étude de la Torah sert un plus grand dessein dans la perfection de l'homme - un sujet que nous avons brièvement abordé dans la Partie 1 Chapitre 4, mais que nous allons maintenant explorer plus en détail.

En examinant l'étude de la Torah à travers le prisme des influences divines, nous reconnaissons que parmi toutes les influences qui émanent de Dieu pour soutenir Sa création, il existe une influence suprême, inégalée dans son caractère précieux et sacré. Cette influence représente l'essence de la vraie existence, l'apogée de la suprématie et de la gloire divines. Dieu a choisi de lier cette influence sublime à la Torah, créant une connexion qui se manifeste à la fois par la verbalisation et la compréhension.

La Torah, qui englobe les cinq livres du Pentateuque, les Prophètes et les Hagiographes, sert de conduit pour cette influence divine. Lorsque nous récitons ses mots ou approfondissons ses significations, nous attirons cette influence sur nous-mêmes, à condition que nous nous en tenions aux frontières prescrites et aux vraies intentions du texte. L'intensité de l'influence varie en fonction du niveau d'engagement et de compréhension, mais aucun acte d'étude de la Torah n'est dénué de ce don divin, tant qu'il est abordé avec sincérité et justesse.

Plus la compréhension d'une personne est profonde, plus l'influence divine qu'elle attire sur elle est grande. Une compréhension basique du langage du texte ne peut être comparée à la saisie de sa vraie intention, de même qu'une interprétation superficielle pâlit en comparaison d'une approche plus profonde et analytique. Pourtant, dans Sa bonté, Dieu a veillé à ce que chaque niveau d'engagement avec la Torah apporte avec lui une part de cette grande et spéciale influence, permettant à tout Israël d'en bénéficier, chacun selon son niveau de compréhension et d'effort.

Au-delà de la récompense individuelle et de l'élévation spirituelle qui accompagne l'étude de la Torah, il y a aussi un aspect communautaire et cosmique à prendre en compte. Chaque portion de la Torah contribue à la rectification et à l'achèvement de l'ensemble de la création. Pour servir Dieu de manière exhaustive, il faut s'engager dans toutes les parties de la Torah, en répartissant ses efforts pour s'assurer qu'aucun aspect de la création ne soit laissé intact par l'influence divine canalisée à travers son étude.

Les sages conseillent une approche équilibrée, en divisant son temps d'étude entre les Écritures, la Michna et le Talmud, englobant ainsi toutes les facettes de la Torah. La répartition exacte devrait être adaptée à la nature et aux circonstances de chacun, un sujet exploré plus en détail dans l'essai dédié « Derekh Etz Haim - Derekh Hokhma ».

Cependant, pour parvenir à une compréhension profonde et à une connexion avec la Torah, une approche immergée et respectueuse est nécessaire. Elle est ancrée dans la croyance que le Divin a lié de manière complexe Son influence unique à la Torah. S'engager avec elle par la parole et la compréhension permet à cette puissante influence d'émaner, transformant à la fois l'individu et le collectif. En l'absence de cette révérence, les mots de la Torah seraient indistinguables de la parole humaine ordinaire, et ses enseignements ne transcenderaient pas l'intellect pour toucher l'âme.

Embrasser la Torah exige un profond sens de la crainte, reconnaissant le caractère sacré de l'approche du Divin. Cela implique de cultiver l'humilité, reconnaissant l'écart entre nos limites humaines et l'exaltation divine. Pourtant, cette approche n'est pas enracinée dans la seule crainte, mais aussi dans la joie - une joie tempérée par la révérence, reconnaissant le privilège de participer à quelque chose d'aussi sacré.

La posture physique et la manière dont on s'engage sont essentielles à ce processus. Une attitude désinvolte ou irrespectueuse, que ce soit envers les mots de la Torah ou ses manifestations physiques dans les livres, est incohérente avec la gravité de l'approche du Divin. Respecter ces conditions garantit que l'étude soit authentique, permettant à l'influence Divine d'imprégner, enrichissant l'individu et contribuant à la rectification cosmique plus large.

À l'inverse, négliger ces conditions diminue l'impact de l'étude, la réduisant à un simple exercice intellectuel. Cela est particulièrement vrai pour ceux dont les actions ne sont pas alignées avec les enseignements de la Torah. S'engager avec la Torah exige une pureté d'action, car l'influence Divine n'est pas accessible à ceux qui sont enlisés dans l'impureté et l'éloignement du Divin. Les sages mettent en garde contre le fait d'enseigner la Torah à ceux qui ne sont pas préparés, soulignant la gravité d'une mauvaise utilisation de quelque chose d'aussi sacré.

Pourtant, les sages révèlent aussi une vérité profonde : la sainteté inhérente de la Torah a le pouvoir de transformer, même ceux qui sont initialement indignes. Un engagement cohérent avec la Torah crée un conduit pour l'influence Divine, guidant progressivement l'individu vers la droiture. Ce pouvoir transformatif dépend cependant de la sincérité de l'engagement, excluant ceux qui abordent la Torah avec dérision ou distorsion.

L'étendue de la préparation et de la sanctification d'une personne influence directement l'impact de l'étude de la Torah. Les sages des générations antérieures, incarnés par leur profonde révérence et préparation, ont puisé un niveau inégalé d'influence Divine à travers leur étude, un phénomène moins évident dans les générations ultérieures. L'histoire de Yonatan ben Uziel, qui durant l'étude, les oiseaux qui le survolaient s'enflammaient, témoigne du pouvoir extraordinaire de l'étude de la Torah lorsqu'elle est abordée avec la sainteté requise.

Chapitre 3 - Crainte et Amour de Dieu

Dans la Partie 1, Chapitre 4, nous nous sommes intéressés aux concepts d'amour et de crainte, soulignant leur importance pour favoriser une relation étroite et dévouée entre un individu et son Créateur. Nous avons distingué entre le vrai amour et la vraie crainte - l'amour pour Son Nom plutôt que pour un gain personnel, et le respect pour Sa grandeur plutôt que la peur d'un châtiment. Une telle crainte propulse une personne hors de l'ombre de l'existence physique, invitant la Présence Divine dans sa vie. La profondeur de la crainte d'une personne est directement corrélée à son niveau de pureté et à sa capacité à recevoir l'inspiration divine.

Ceux qui vivent dans un état de crainte constante sont comblés d'une connexion incessante à la Présence Divine. Moshe Rabenou incarnait cela, traitant la crainte comme une composante de base de sa pratique spirituelle, ce qui lui accordait en retour une inspiration divine continue. Bien que cet état puisse être difficile à atteindre pour d'autres, la mesure dans laquelle on peut l'adopter détermine la force de sa pureté et de sa sainteté.

Cela est particulièrement crucial pendant l'engagement dans les commandements ou les études érudites, car la crainte est un prérequis pour la réussite de ces efforts spirituels.

L'amour sert de force unificatrice qui relie un individu à son Créateur, le rendant puissant et le parant de grandeur. Il se manifeste comme une joie du cœur et un ardent désir de l'âme pour le Divin, amenant quelqu'un à se consacrer entièrement à la sanctification de Son Nom et à la recherche de Son plaisir.

Ces concepts ont été longuement développés dans les sections précédentes, et ne nécessitent donc pas de nouveaux développements ici. La foi dans le Divin et la reconnaissance de Son unité, la confiance et d'autres sujets connexes sont fondamentaux dans cette discussion - tous renforçant le lien entre une personne et son Créateur béni, favorisant un sentiment de sainteté et d'illumination en elle.

Chapitre 4 - Le Shema et ses Bénédictions

La question de l'unicité de Son existence et de l'unicité de Sa domination apparaît d'abord dans le Shema, qui est centré sur Son unicité et l'acceptation du joug de Son royaume. Le Créateur béni, selon Sa volonté, a amené diverses créations supérieures et inférieures, spirituelles et physiques à l'existence. Il les a disposées dans divers ordres et a insufflé en chacune une nature pour accomplir des actions, passer par de nombreuses incarnations et opérer de diverses manières selon la Sagesse qu'Il a allouée à chacune.

Cependant, Lui, que Son Nom soit béni, se tient comme la seule racine et cause de tout. Ce concept est saisi à travers deux aspects : l'aspect de l'existence et l'aspect de l'action. En termes d'existence, comme expliqué précédemment dans la Partie 1, toutes les existences dépendent de Lui, et sont amenées selon Sa volonté. Son existence, en revanche, est nécessaire et intrinsèque, ne dépendant pas d'autre chose. Toutes les autres existences maintiennent leur être uniquement dans la mesure où Lui, qu'Il soit béni, le veut et les soutient.

En termes d'action, même si les créations ont été dotées d'une nature qui leur accorde la domination sur certaines questions et la capacité d'accomplir des actions importantes, la vérité est qu'elles ne possèdent aucun pouvoir ou domination en dehors de ce que le Créateur leur a délégué. Il reste le vrai Maître, Souverain et Tout-Puissant, tout ce qu'elles font n'étant qu'une manifestation du pouvoir qu'Il leur a accordé. Il détient l'autorité sur elles pour augmenter ou diminuer leurs capacités selon Sa volonté à tout moment donné.

La complexité de cette question réside dans le fait que, conformément aux ordres que Sa Sagesse a établis pour l'amélioration des créations, détaillés dans la Partie 1, de nombreux cas de mal apparent circulent et se reproduisent dans le monde. Cela se produit soit en raison des choix des humains pécheurs, soit à la suite de châtiments décrétés.

La question semble initialement contredire Sa volonté. En effet, Lui, béni soit Son Nom, ne désire que le bien et vise à conférer le bien à Ses créations. La domination des méchants et le renforcement du mal et de la corruption profanent Son Nom béni. Cependant, ceux qui comprennent Ses voies et creusent profondément dans ces questions, réalisent que tous ces événements font partie d'une chaîne complexe menant à la rectification complète de la création, comme exposé dans la Partie 1. En fin de compte, il devient clair que le Saint béni soit-Il dirige réellement tout, et que Son dessein de conférer la bonté et la perfection à Ses créations l'emporte, comme expliqué précédemment. Pourtant, selon la véritable nature de la situation, les choses doivent progresser à travers ces séquences, sur la base de principes de profonde Sagesse et de vraie bonté. À la fin, il sera évident que Lui seul, a orchestré tous ces événements pour atteindre le bien ultime dont nous avons parlé.

En outre, ces séquences complexes révèlent la vérité de Son unicité. Nous avons déjà expliqué que le cours général des événements dans le monde implique que le Créateur crée le mal, poussant les humains à l'éradiquer et à établir le bien en eux-mêmes et dans le monde. De nombreuses lois et principes importants sous-tendent ce processus, assurant son développement complet sous tous les angles. Il y a de nombreux aspects à considérer concernant l'existence, les actions et la domination du mal dans la création, ainsi que la relation de l'humanité avec lui. Cela inclut notre assujettissement au mal, nos efforts pour le surmonter et nos progrès au-delà de ses contraintes. De même, nous devons examiner l'existence du bien, sa propagation et son renforcement en proportion directe de notre conquête du mal.

L'existence même, les actions et la domination du mal découlent de la décision du Créateur de dissimuler Son unicité, qui n'est pas pleinement apparente pour tous. Le niveau de dissimulation est directement corrélé à la force de la présence du mal, comme discuté dans la Partie 1. À l'inverse, l'éradication complète du mal, l'établissement de la création dans la bonté, dépend de la révélation de la vérité de Son unicité. C'est l'essence du verset "Sachez maintenant que Moi, Moi je le suis,"[52] et de l'affirmation "Afin que vous sachiez et croyiez... avant Moi aucun dieu ne s'est formé ni ne se formera après Moi."[53] Ainsi, la rectification finale de toute la création dépend de la révélation de Son unicité. Il était, est et sera éternellement Un et Unique. Bien que ce ne soit pas pleinement apparent pour

---

[52] Devarim. 32,39
[53] Isaie. 43,10

tous actuellement, cela le sera à l'avenir, comme indiqué : "Ce jour-là, l'Éternel sera un et Son nom sera un."[54]

Israël, ayant mérité Sa vraie Torah, reconnaît déjà cette vérité et en témoigne, ce qui est un grand privilège pour nous. La providence divine se divise en providence diurne et nocturne, comme détaillé dans la Partie 3, Chapitre 1. Chaque matin et chaque soir, des arrangements et des attributions angéliques sont renouvelés selon l'ordre providentiel. Nous, les enfants d'Israël, sommes tenus de témoigner de la vérité de Son unicité dans tous ses aspects dans l'existence, en reconnaissant qu'Il est le seul à exister par nécessité, et que toutes les autres existences découlent de Lui et dépendent de Lui ; dans la domination, en affirmant qu'Il est le seul Souverain, et qu'aucun acteur n'agit sans Sa permission et Son pouvoir ; et dans la providence, en reconnaissant que malgré les nombreuses causes profondes et élevées, il n'y a qu'un seul qui fait se dérouler toutes choses selon Son plan, atteignant finalement le vrai dessein, qui est la perfection complète. Bien que cette vérité ne soit pas pleinement révélée actuellement, c'est la réalité indéniable, et elle sera universellement reconnue et comprise à la fin.

La question de Sa royauté nécessite un discernement plus approfondi. Le Créateur béni est souverain sur toutes Ses créations. Pour élaborer, Sa Béatitude existe indépendamment, ne dépendant pas d'autre chose. Il est intrinsèquement parfait, n'ayant besoin d'aucune connexion avec une autre entité,

---

[54] Zach. 14,9

qu'elle soit au-dessus ou en dessous de Lui. Il ne dépend d'aucune cause, ni comme un effet dépend de sa cause, ni comme un composé dépend de ses éléments. À cet égard, Il est appelé Elokim, signifiant Sa nature auto-existante.

Cependant, Son rôle change lorsqu'Il choisit de créer. Tous les êtres créés dépendent de Lui pour leur existence et tous les aspects de leur être. Dans ce contexte, Il est le Maître de tous, car tout émane de Lui, Lui appartient, et est régi par Sa volonté. Malgré cela, par Sa bienveillance et Son attention, Il choisit de se "diminuer" en quelque sorte et de s'engager avec Ses créations, même si elles Lui sont fondamentalement étrangères. Il souhaite être vu comme un roi pour une nation, se positionnant comme leur dirigeant et tirant gloire d'eux comme un roi le fait de ses sujets, comme le souligne le verset : "Par la grandeur d'une nation, un roi est glorifié."[55]

Dans ce rôle, Il est perçu comme notre dirigeant, tirant gloire de notre existence et de notre service. En conséquence, nous sommes obligés de Le servir et d'obéir à Ses commandements comme une nation le ferait pour son roi. Cette obligation s'étend à Le reconnaître quotidiennement, à maintenir Sa souveraineté sur nous et à nous soumettre à Ses décrets comme des serviteurs le feraient à leur roi. Cet acte de soumission est appelé accepter le joug du royaume des cieux, résumé dans le premier verset du Shema. Il implique de reconnaître Sa domination suprême sur toutes les créations, célestes et

---

[55] Prov. 14,28

terrestres, et de nous placer volontairement sous Sa domination.

Les implications de la reconnaissance de Son unicité et de l'acceptation de Sa souveraineté sont profondes pour l'ensemble de la création. La structure de la création et de ses entités est conçue de telle manière que lorsque Sa royauté est reconnue, et que tous les êtres Le reconnaissent, la prospérité et la tranquillité prévalent, les bénédictions foisonnent, et la paix augmente dans toute la création. À l'inverse, lorsque les êtres se rebellent, refusant de se soumettre et de reconnaître Sa souveraineté, la bonté diminue, les ténèbres s'installent et le mal prévaut. Ces dynamiques se répercutent à tous les niveaux de la création, influençant les entités actives et passives.

Bien que Sa royauté reste constante, indépendamment de notre reconnaissance, nos actions en tant qu'êtres inférieurs ont indéniablement un impact sur la manifestation de Son règne. Si les conditions nécessitent Sa révélation dans la royauté, cela se traduit par un immense bien et une tranquillité pour la création, une augmentation de l'illumination et de la pureté divines, et l'asservissement des forces du mal. Si ce n'est pas le cas, Il dissimule Sa présence, permettant aux forces du mal de dominer.

Cette dynamique s'applique universellement, partout où cela est pertinent. Lorsqu'Israël renforce avec diligence son engagement envers Sa royauté quotidiennement, à la fois en interne et en externe, cela provoque la révélation divine dans le monde. Le mal est réprimé sous les forces du bien, entraînant un déversement de bénédictions. En affirmant Son unicité, nous provoquons une réponse réciproque, le Saint béni soit-Il élevant Son unicité et amplifiant les processus de rectification dans la création. Cela s'aligne avec la rectification ultime mentionnée plus tôt, guidant la création avec miséricorde et pardonnant les transgressions. Par conséquent, l'illumination, la sainteté, la clarté et la sanctification sont accordées à la création, proportionnellement à ce qui est jugé approprié.

Une autre grande rectification rejoint celle-ci, incarnée dans la louange « Béni soit le nom de la gloire de Son règne éternellement », prononcée par la suite. Comme nous l'avons établi, Ses influences et Ses illuminations se répercutent à travers des mécanismes variés, tous enracinés et dépendants de Son unicité et de Sa vraie perfection. À travers tout ce système, les créations subissent diverses incarnations, visant en définitive à atteindre la perfection à travers Sa vraie perfection.

La Sagesse suprême a décrété que les créations ne peuvent atteindre cette perfection qu'à travers ces mécanismes, après toutes leurs incarnations. Lorsque l'activité et la domination s'unissent à Son unicité, tout devient dépendant de Lui. Toutes les influences se révèlent de simples extensions de l'unicité, servant de voies pour que les créations L'atteignent. Puisque l'intention du premier verset est d'établir la dépendance à l'unicité, tout découle de ceci, revenant au concept de vraie perfection dont nous avons discuté précédemment.

Cela se traduit par la diffusion de Son Nom parmi les créations, Sa sainteté se liant puissamment à elles. Il les gouverne, les attirant perpétuellement vers Lui. Elles se retrouvent dépendantes de Lui, perfectionnées par Sa perfection, atteignant finalement cet état véritable, après toutes leurs incarnations. Dans cet état, Sa volonté, qu'Il soit béni, se réalise ; Son honneur s'amplifie, parvenant à la glorification essentielle qu'Il reçoit de Ses créations. Cependant, cet achèvement n'existe actuellement que dans le domaine spirituel. Là, les entités sont pures et saintes; Son Nom repose sur elles, s'associant puissamment à elles. Elles Le suivent constamment, magnifiant Son honneur. En revanche, les royaumes inférieurs n'ont pas encore atteint la perfection complète. Le mal se mêle encore à eux ; ils ne sont pas encore purifiés, ce qui fait que Son honneur n'est pas correctement magnifié à travers eux.

Les anges, résidant dans leur état rectifié, expriment cette louange de « Béni soit le nom de la gloire de Son règne éternellement ». Les royaumes inférieurs, cependant, ne peuvent se joindre à cette louange, car ils n'en sont pas encore dignes. Le Nom ne repose pas suffisamment sur eux, et la gloire n'est pas correctement magnifiée à travers eux. Une exception fut notre patriarche Jacob, que la paix soit sur lui. Au moment de son décès, entouré de ses saints fils, exempts de défaut, ils furent couronnés par Son unicité. Ils déclarèrent « Shema Yisrael etc. », à quoi l'aîné répondit « Béni soit le nom de la gloire de Son règne éternellement ». Ainsi, il devint évident que de notre point de vue, nous en sommes généralement indignes, à l'exception de ce qui nous a été accordé par notre patriarche Jacob. C'est pourquoi nous prononçons cette phrase, mais de manière silencieuse, sauf le jour de Kippour. Ce jour-là, Israël s'élève au niveau des anges, comme expliqué ailleurs, avec l'aide du Ciel."

Les autres paragraphes servent à compléter le message encapsulé dans trois principes clés : accepter Sa domination, cultiver l'amour pour Lui et embrasser le devoir de suivre Ses commandements, ainsi que se souvenir de la sortie d'Égypte. Dans le premier paragraphe, on devrait viser à fortifier son amour pour le Divin, en embrassant toutes ses facettes « aimer de tout son cœur, de toute son âme et de toute sa force».[56] Cela implique d'inviter la sainteté du Divin dans nos vies, d'accepter Sa domination sur nous, et de s'assurer que cet héritage se transmette à nos enfants et à toutes les générations futures, comme le souligne la phrase « Tu les enseigneras à tes enfants ».[57] Il s'agit d'une amélioration holistique, d'améliorer notre état d'être, que ce soit à la maison, en déplacement, etc., et par extension, d'améliorer l'état de nos foyers, comme le sous-entend « Tu les inscriras sur les poteaux de ta maison »[58]

Après avoir accepté le joug de Ses commandements avec le verset « S'il advient que vous écoutiez »[59], on procède au rappel de la sortie d'Égypte dans le passage sur les Tsitsit. Cet événement marqua la rédemption d'Israël, sa séparation de l'interpénétration avec les autres nations. Jusque-là, la physicalité de toute l'humanité était entachée par l'obscurité et l'impureté ambiantes. La sortie d'Égypte fut un processus de

---

[56] Devarim. 6,5
[57] Devarim. 6,7
[58] Devarim. 6,9
[59] Devarim. 11,13

purification pour Israël, préparant leurs corps à la Torah et au service divin, symbolisé par les commandements d'éliminer le levain et de consommer de la Matsa. Le pain, aliment de base de la subsistance humaine, représente métaphoriquement l'état humain idéal.

Le processus de fermentation, bien que naturel et améliorant la digestibilité et le goût du pain, est parallèle à la condition humaine, reconnaissant la nécessité de l'inclination au mal et des tendances physiques. Cependant, pour une période limitée, Israël devait s'abstenir de levain, se nourrissant de Matsa pour affaiblir ses inclinations inférieures, orientant son attention vers la spiritualité. Cette pratique, bien que temporaire, était cruciale, car un état perpétuel d'une telle abstinence n'est ni faisable ni souhaitable dans ce monde. La fête de Pessah est centrale à ce concept, avec d'autres commandements de la première nuit étroitement liés aux détails de cette rédemption.

Une autre correction est incluse dans la lecture de toutes ces sections, qui est de corriger chaque aspect des facultés d'une personne à la lumière de Son unicité, et de même de corriger en lui chaque détail de la création. Car voici, les facultés d'une personne dans leur ensemble sont 248, correspondant à ses 248 membres. Et de même, les aspects de la création selon leurs fixités sont aussi 248, correspondant aux 248 membres d'une personne. Les deux doivent être corrigés à la lumière de Son unicité, et cela s'accomplit à travers les 248 mots du Shema.

Nos Sages ont composé à cette fin les bénédictions de la récitation du Shema. Chaque jour, toute l'existence se renouvelle devant Lui, qu'Il soit béni, sous deux aspects : un - dans l'aspect de l'existence et de la continuité, le flux se renouvelant chaque jour pour exister et durer dans son existence ; et deuxièmement - que tous les jours des 6000 ans, voici qu'ils sont tous fixés et se tiennent devant Lui, qu'Il soit béni, dans l'aspect des illuminations, influences et états existentiels, qui sont toujours nécessaires pour que le cycle souhaité soit complété et parvienne à la perfection.

Ainsi, chaque jour est littéralement un nouvel aspect, et dans cet aspect la totalité de l'existence se renouvelle chaque jour, comme il est dit : "Qui renouvelle la Création chaque jour, constamment." Sur ce principe, ces bénédictions et louanges furent instituées, sur toutes les créations qui se renouvellent jour après jour.

Toutes ces créations se divisent en deux catégories : la première est toutes les créations des mondes inférieurs et supérieurs, et la seconde est l'humanité, spécifiquement Israël, qui est véritablement l'espèce humaine. Dans cet ordre, la première bénédiction a été composée, louant toutes les créations et leurs ministres, qui sont les créations d'en bas et les anges d'en haut, chacun dans son ordre. Cela inclut la question du jour et de la nuit et les luminaires qui les régissent. La deuxième bénédiction loue la question d'Israël et l'amour avec lequel Il les a aimés et rapprochés de Son service. Toutes ces questions sont incluses dans leurs vraies voies dans ces bénédictions.

Ensuite vient le Shema, et après une autre bénédiction a été composée sur tous les grands miracles que le Maître des mondes a accompli pour nous, se concentrant sur la sortie d'Égypte dans ses détails, disposés selon ses vrais mystères et tous ses aspects.

L'essence de ceci se trouve le matin, comme mentionné, car c'est alors que l'existence se renouvelle. Mais la nuit, une question supplémentaire s'ajoute pour toutes les créations, selon la nature de la nuit, qui n'est qu'une sorte d'achèvement et de perfection des questions de la journée.

Dans cet aspect également, les bénédictions du Shema du soir ont été disposées de manière similaire aux bénédictions du Shema du matin, mais plus concises, car ce n'est qu'une répétition résumée selon ce qui se renouvelle dans l'ordre de la providence, à la suite de ce qui s'est renouvelé dans la journée. Ils ont ajouté la bénédiction sur le repos de la nuit et le sommeil dans tous ses aspects, qui est la bénédiction de "Qui étend sur nous l'abri de la paix".

Chapitre 5 - La Prière

La question de la prière est que, parmi les ordres que la Sagesse suprême a ordonnés, pour que les êtres créés reçoivent Son émanation, ils doivent s'éveiller vers Lui, se rapprocher de Lui et rechercher Sa face. Selon leur éveil vers Lui, l'écoulement sera attiré vers eux ; et s'ils ne s'éveillent pas vers Lui, il ne s'écoulera pas vers eux. Le Maître des mondes désire et veut que la bonté de Ses créations augmente à tout moment, Il a établi pour eux ce service sur une base quotidienne, par lequel un écoulement de bien et bénédiction leur sera accordé selon leurs besoins dans leur situation dans ce monde.

Il y a un niveau plus profond dans cette question, qui est que le Créateur a donné à l'homme la connaissance pour se conduire dans son monde avec intelligence et compréhension, et lui a confié la mission de superviser tous ses besoins. Cette question repose sur deux principes : un - l'honneur et l'importance de l'homme, car il s'est vu accorder cette connaissance et cette compréhension pour se conduire de manière appropriée ; et deux - pour qu'il soit impliqué dans le monde et se connecte à ses affaires, ce qui fait partie de son état humain que nous avons mentionné plus tôt, qui est une voie mondaine et non sainte, et qui est ce dont il a besoin à son époque selon l'ordre de la providence.

Ceci est en effet en un sens une descente pour lui et ses affaires, mais c'est une descente nécessaire qui lui cause ensuite une élévation, comme expliqué dans la Partie 1. Cependant, de même que cette descente lui est nécessaire selon son objectif dans ce monde, il doit s'assurer qu'elle ne devienne pas excessive au-delà de ce qui est approprié.

Car plus il s'embrouille dans les affaires mondaines, plus il s'éloigne de la lumière suprême et s'assombrit. Le Créateur a prévu une solution: l'homme doit d'abord se rapprocher et se tenir devant Lui, demander ses besoins et s'appuyer sur Lui. Ceci doit être le fondement de toutes ses entreprises, afin que son implication ultérieure dans les efforts humains ne soit pas vue comme un embrouillement dans la physicalité et le matérialisme. Ayant déjà compté sur le Créateur, sa descente sera moins profonde, soutenue par cette correction initiale.

Par Sa bonté, qu'Il soit béni, de fournir un lieu à l'homme pour s'approcher de Lui, même dans son état naturel éloigné de la lumière. Il lui a permis de se tenir devant Lui et d'invoquer Son nom, s'élevant au-dessus de sa bassesse naturelle pour un temps. C'est l'essence de cette prière, qui ne peut être interrompue, car la personne est alors en grande proximité avec Lui. La coutume de faire trois pas en arrière à la fin symbolise le retour à son état stable, nécessaire à tous ses autres moments.

Nos Sages, que leur mémoire soit bénie, nous ont informés des conditions spécifiques qui doivent accompagner la prière pour accomplir son objectif, à la fois concernant l'approche que nous avons mentionnée, et concernant l'attraction d'influence. Selon tout cela, ils ont composé la prière avec ses bénédictions pour nous, et ont délimité toutes ses lois et détails.

Tout ce que nous avons expliqué jusqu'à présent sur le Shema et la prière est selon le but de ces commandements tels qu'ils sont. Cependant, nos Sages nous ont aussi composé l'ordre des prières, l'ordre approprié pour compléter également le service des sacrifices qui nous font maintenant défaut, ce qui est nécessaire selon le renouvellement de chacun des jours selon les lois du temps dans toutes ses parties. Cela sera expliqué dans le prochain chapitre, si Dieu le veut.

Chapitre 6 - L'ordre des Prières

La Sagesse suprême a ordonné que la nuit soit un temps de domination pour les forces d'impureté, pour qu'elles se répandent à travers le monde, et que leurs branches le parcoure. Quand à ce moment les gens se rassemblent dans leurs maisons et se couchent dans leurs lits, dormant et se reposant jusqu'au matin. Le matin la domination et la propagation de ces forces et de toutes leurs branches sont retirées, les gens se lèvent et sortent à nouveau pour leur travail jusqu'au soir.

C'est ce que le roi David, que la paix soit sur lui, a dit: "Tu fais les ténèbres, et vient la nuit", et aussi : "Le soleil se lève... l'homme sort pour son travail..."[60] Pourtant, toutes ces questions dans tous leurs paramètres et mesures sont enracinées dans les fondements de la providence selon les aspects des influences accordées aux êtres créés à tous leurs niveaux, comme expliqué dans la Partie 1. Vous devez savoir que même s'il est dit en général que la nuit est un temps de domination de ces forces, en vérité ce n'est que dans la première moitié de la nuit, à minuit une influence d'illumination et de volonté est accordée par Lui, sur tous les mondes. La domination est retirée aux forces du mal, leurs branches sont bannies des lieux habités et l'illumination du jour commence à s'éveiller. Au levé du jour l'influence appropriée se dévoile et toute l'existence se renouvelle.

---

[60] Psaumes. 104,20-23

Cependant, la question de la domination que ces forces ont la nuit et de leur bannissement le jour, est quelque chose de décrété dans la nature du monde et de son ordre, en dehors de la domination et de l'asservissement qui leur viennent par l'acte humain. La Sagesse suprême a ordonné que pour l'existence du bien et du mal qui découlent des actes de ceux dotés du libre arbitre, le monde dans son état naturel doit être susceptible de domination par le mal. Ainsi il y aura un potentiel pour la propagation de ce mal, tout comme il y a un potentiel pour son absence.

Pour qu'il en soit ainsi, la Sagesse suprême a décrété qu'il conviendrait que dans le temps lui-même il y ait une partie qui lui donne domination et propagation intrinsèquement, c'est une préparation pour ce qui pourra lui être donné par les actes humains. Il devrait y avoir une autre partie qui lui retire la domination, c'est une préparation pour ce que les actes humains pourront lui causer. Ainsi, il y a deux puissantes existences, la lumière et l'obscurité, découlant de l'illumination et de l'occultation que nous avons expliquées dans la Partie 1. Elles se sont vu attribuer une part dans le temps, à savoir le jour et la nuit, et après eux suivent la domination des forces d'impureté que nous avons mentionnées et leur bannissement, tout est préparation pour les conséquences des actes, comme indiqué.

Lorsque la domination est donnée aux forces du mal et qu'elles se répandent à travers le monde, l'obscurité du monde s'accroît et s'intensifie. Une personne, allongée dans son lit, a également la propagation de l'impureté errante qui s'étend sur lui. Cela est dans la mesure qui lui est allouée, correspondant à sa connexion avec le corps humain à cause de sa physicalité et son inclination au mal. De plus, il a été préparé dans l'ordre de la providence que lorsqu'une personne dort, les parties supérieures de son âme se retirent d'elle, comme expliqué dans la Partie 2. Elle goûte dans une certaine mesure un aspect de la mort, ce que nos Sages ont écrit : "Le sommeil est un soixantième de la mort". Ainsi, l'obscurité dans le corps s'intensifie, à cause de l'absence de la lumière de l'âme qui le purifie.

Par conséquent, une plus grande porte s'y trouve pour que l'impureté repose sur lui, ce qui est la question d'un « esprit mauvais » que nos Sages ont expliqué, qui repose sur les mains. Cependant, le fait qu'il repose spécifiquement sur les mains et pas un autre endroit est parce que c'est la mesure et la limite que la Sagesse suprême a délimitées pour lui - ce qui pourrait reposer sur une personne, ce qui convient selon son état dans le monde, ni moins ni plus.

La Sagesse suprême a préparé pour une personne ce qu'elle devrait faire le matin, pour s'élever de l'état inférieur de la nuit et se purifier de l'impureté, et pour que le monde entier s'élève de sa bassesse et soit illuminé de l'obscurité qui l'avait assombri. Ces remèdes établis pour le temps du lever, par les actes et la parole, seront expliqué si Dieu le veut.
Le premier acte est de purifier les mains. Car ce sont elles qui sont devenues impures et sur lesquelles l'esprit mauvais s'est reposé, il faut donc le bannir d'elles et les purifier. Le Créateur a décrété qu'il en soit banni par le lavage approprié, comme nos Sages nous l'ont enseigné. Ainsi, le corps entier devient purifié

grâce à cela, tout comme il était devenu entièrement impur par l'esprit mauvais durant la nuit. Il y a également dans cela une rectification de l'univers entier, afin de le purifier de l'impureté de la nuit et émerger de son obscurité. Ils ont couplé à cela également le fait que la personne nettoie son corps en se soulageant, et ainsi il devient entièrement purifié et préparé à s'approcher à son Créateur.

Après cela viendront deux actes, qui font eux-mêmes déjà partie des 613 commandements, et se connectent aux remèdes de la prière pour compléter le service quotidien, ce sont les Tsitsit et les Tefilin. Nous expliquerons d'abord leurs questions individuelles, puis expliquerons leur niveau dans la réparation du service quotidien que nous avons mentionnés.

La question des Tsitsit concerne le désir du Maître des mondes pour qu'Israël se rectifie dans tous les aspects à travers des pratiques saintes. En conséquence, Il a émis des commandements applicables à chaque temps et situation, leur permettant d'atteindre la rectification à travers ces pratiques. Cela inclut les vêtements qu'une personne porte. Pour que ces vêtements soient sanctifiés, Il a commandé la mise en place de Tsitsit, les rendant ainsi saints. De plus, ce commandement englobe une signification profonde : il marque une personne comme appartenant à Dieu, semblable à un serviteur marqué par son maître.

Cet acte signifie l'acceptation et la soumission sous Son joug. Il donne à une personne le pouvoir de contribuer à la rectification de tout l'univers, comme détaillé dans la Partie 1. Ce faisant, on participe à l'œuvre du Créateur, s'efforçant de maintenir l'univers qu'Il a créé dans son état prévu. Cette réalisation se concrétise à travers les actions et les actes humains, comme prescrits par la Torah et ses commandements. Le fondement de tout ce service repose sur un principe, qui est que l'homme est le serviteur du Créateur, à qui Il a confié cette rectification de l'univers et l'a placée entre ses mains.

Par conséquent, le succès de cette entreprise dépend des actions humaines, qui produisent des résultats correspondants. Le poids de cette responsabilité, semblable au joug qu'un maître place sur un serviteur, est exemplifié par des éléments spécifiques définis par le Maître des mondes, y compris la représentation symbolique des Tsitsit. Au-delà d'être un commandement éternel, nos Sages ont intégré les Tsitsit comme un aspect intégral de la prière, se manifestant dans la pratique de s'envelopper dans un Talit pendant la prière. Cet acte renforce l'acceptation de Son joug, s'engageant dans le travail de rectification du monde – Tikoun Olam.

Cependant, la question des Tefilin est bien plus grande que celle des tsitsit. C'est que le Créateur a donné à Israël qu'ils devraient faire descendre une extension réelle de Sa sainteté sur eux-mêmes et se parer d'elle. Afin que tous leurs aspects spirituels et physiques se retrouvent sous cette grande lumière et soient rectifiés énormément à travers elle. C'est ce que dit le verset : "Tous les peuples de la terre verront que le nom de Dieu est proclamé sur toi."[61] Il a rendu cette question dépendante de ce

---

[61] Devarim. 28,10

commandement avec toutes ses lois et détails. Or il y a deux membres principaux que l'on trouve chez l'homme, à travers lesquels l'âme a une grande force, qui sont le cerveau et le cœur.

Le Créateur a commandé que cette lumière soit d'abord attirée sur le cerveau à travers le Tefilin de la tête, le cerveau et l'âme en lui seront rectifiés. Ensuite, elle se répand vers le cœur à travers le Tefilin de la main en face, et lui aussi sera rectifié à travers cela. A travers cela, la personne entière dans tous les aspects est incluse sous l'extension de cette sainteté et parée par elle, et devient extrêmement sainte. Les diverses questions dans les paramètres du commandement dans toutes ses sections sont toutes des questions nécessaires pour compléter la rectification désirée dans tous ses aspects, selon les divisions des aspects de l'homme.

Il nous a été commandé de nous parer de ce parure tous les jours, sauf les jours saints qui sont eux-mêmes un signe pour Israël. A travers eux, Israël se pare de ses parures sans autre effort. Contrairement aux autres jours, où il est impossible d'obtenir ces parures si ce n'est à travers cet effort. Même après l'effort lui-même, le niveau de la parure obtenue à travers celui-ci n'est pas comme le niveau de la parure tirée automatiquement les jours saints - il est bien inférieur. Cependant, toutes les questions dans toutes leurs frontières sont mesurées par la Sagesse suprême selon ce qui convient le mieux.

Après qu'une personne est marquée par les tsitsit et parée des Tefilin, l'ordre des prières a été établi pour rectifier selon les besoins. L'intention générale est d'établir l'univers entier, tous les mondes, dans l'état convenant à recevoir l'influence suprême, et de faire descendre l'influence de devant Lui vers eux selon les besoins.

La prière en général se divise en quatre sections : première - les sacrifices ; deuxième - Versets du Cantique ; troisième - Shema et ses bénédictions ; quatrième - la Prière de l'Amidah et ce qui vient après elle. Les sacrifices, leur intention générale est de purifier le monde entier, et d'en retirer tout ce qui fait obstacle et empêche l'influence suprême d'y entrer. Les Versets du Cantique, leur intention générale est de révéler la lumière de Sa face à travers les louanges par lesquelles nous L'exaltons et racontons Sa gloire.

Car c'est la question que le Créateur a délimitée avec cet acte, c'est-à-dire L'exalter devant Lui, et c'est le concept de « choisir des cantiques de louange ». Le Shema et ses bénédictions, nous en avons déjà expliqué la question générale. Outre ce que nous avons expliqué, une autre question y est également incluse, qui est que voici, la fixité de la Création et sa mise en chaîne, comme nous l'avons déjà expliquée dans la Partie 1, que les êtres créés mettent tous en chaîne et viennent niveau après niveau des potentiels essentiels jusqu'au physique.

Cependant, la Sagesse suprême a décrété que pour que tous les êtres créés reçoivent l'influence de devant Lui, ils devraient d'abord se connecter les uns aux autres de bas en haut - le bas avec le niveau au-dessus d'eux, et le haut avec des niveaux encore plus élevés, et ainsi de suite de cette manière jusqu'aux potentiels essentiels. Ils s'attachent à Lui, et Son influence coule vers eux. Ensuite, l'influence se répand de haut en bas à travers tous les niveaux de la Création correctement, et ils retournent et deviennent fixés à leurs places pour agir comme il a été arrangé pour eux. Ces bénédictions du Shema ont été composées selon ces mystères, et à travers cette louange et cette exaltation les niveaux de la Création s'élèvent de bas en haut jusqu'à ce que tout se connecte au niveau le plus élevé. Alors, tout devient lié et s'accroche à Sa lumière, et l'influence est tirée vers toutes les créations - ce qui se produit dans la Prière Debout.

Vous devez savoir que les types d'influence suprême, sous lesquels toutes sortes d'influences et leurs détails sont inclus, sont au nombre de trois, et ils sont évoqués dans les trois lettres du nom Havayah, et leur combinaison pour compléter l'univers entier est évoquée dans le heh final. Correspondant à eux se trouvent trois Qualités divines - grande, puissante et redoutable. Celui qui les fait descendre de manière appropriée est le mérite des patriarches Abraham, Isaac et Jacob. Celui qui fait descendre la perfection qui résulte de leur combinaison est le mérite du roi David, qui se connecte avec les patriarches et complète la rectification d'Israël.

Parallèlement à ces trois types, les trois premières bénédictions de la prière ont été établies. A travers elles, l'influence suprême est faite descendre en général, et ensuite dans les bénédictions du milieu elle est tirée vers les détails selon les besoins, et dans les trois dernières elle devient renforcée et établie dans les récipients à travers la gratitude qu'ils lui donnent. C'est la rectification générale de l'ensemble de la prière.

Les jours de semaine, la question procède selon cet ordre. Mais les jours saints, les Sages n'ont pas surchargé une personne avec plus de sept bénédictions. Car voici, le jour lui-même est saint et béni et aide à faire descendre l'influence. Il suffit qu'une personne s'efforce en ce qui concerne la généralité, qui sont les sept bénédictions - les trois premières correspondant aux trois types, et de même les trois dernières, comme mentionné. Celle du milieu concerne la sainteté générale du jour, pour qu'elle devienne renforcée, illuminée, et gouverne. Elle aide et complète tous les détails. Nous en parlerons plus tard, avec l'aide de Dieu.

L'univers se divise en quatre mondes[62]: ce monde dans ses deux aspects - supérieur et inférieur, qui sont le domaine céleste appelé le Monde des Sphères, et le domaine élémentaire appelé Monde Inférieur. Leur total combiné est appelé un monde (Asiah - Action). Au-dessus de ce monde se trouve le Monde des Anges (Yetsirah – Formation), et au-dessus se trouve le Monde des Forces suprêmes qui sont les racines des créations, que nous avons mentionnées dans la Partie 1, appelé le Monde du Trône (Beriah – Ames) . Au-dessus de ce niveau, nous pouvons considérer la totalité de Ses influences, les révélations de Sa lumière, dont toutes les existences sont tirées et dont elles dépendent, comme expliqué dans la Partie 3

---

[62] Asiah, Yetsirah, Beriah, Atsilout

Chapitre 2. En empruntant le terme, nous pouvons appeler cette totalité des influences un monde, et l'appeler le Monde de la Divinité (Atsilout- Emanation). Mais vous voyez, ce terme ne s'applique à lui que par emprunt, comme indiqué, pour la raison que nous allons expliquer - contrairement aux trois mondes précédents, où ce terme s'applique réellement correctement. Car un monde est désigné comme un rassemblement de nombreux objets variés dans un lieu, divisés en de nombreuses catégories et se rapportant les uns aux autres de diverses manières.

Dans tous les objets, qu'ils soient physiques ou spirituels, cette question peut réellement s'appliquer. Ainsi nous appelons ce monde un monde, car c'est un rassemblement de corps inférieurs ou célestes dans un lieu. Le Monde des Anges est appelé un monde, car lui aussi est un rassemblement de nombreux anges dans un lieu tel qu'il s'applique à eux. Le Monde du Trône est un monde, car c'est un rassemblement de nombreuses forces dans le lieu qui s'applique à elles.

Cependant, Ses influences ne sont pas du tout des objets multiples et variés. Plutôt, ce sont des divisions et des types de révélation de la lumière de Lui, dont la question est seulement ce pour quoi Lui, qu'Il soit béni, existe pour Ses créations et les influence selon leurs questions. Mais puisque des divisions d'ordre et de niveaux sont discernées dans ces influences selon ce qui convient aux récipients, à travers lesquels leurs divisions, ordre et niveaux deviennent enracinés - comme expliqué dans la Partie 3 Chapitre 2 - par conséquent, ce tout est appelé un monde, et considéré au-dessus des trois autres. Car selon le niveau, il en est ainsi - comme l'ensemble du processus de mise en chaîne s'élève à ce niveau. Le physique dans les anges, les anges dans ce qui est au-dessus d'eux, c'est-à-dire le Trône et ses niveaux, et le Trône dans Ses influences et la révélation de Sa lumière, qui est la véritable racine de tout.

Selon cet ordre, les divisions de la prière ont été établies - c'est-à-dire trois sections initiales pour rectifier les trois mondes : ce monde, le Monde des Anges et le Monde du Trône. Ce sont les sacrifices, les cantiques de louange et les bénédictions du Shema. Ensuite, la Prière Debout, et elle correspond au Monde de la Divinité, pour faire descendre les influences selon leurs aspects. Après cela, trois autres sections pour faire descendre l'écoulement de l'influence vers les mondes l'un après l'autre jusqu'à la fin. Ce sont : Sainteté de l'Ordre, Cantique des Lévites, et Il n'y a aucun comme notre Dieu. Après tout cela : Aleinou, qui est de retourner et couronner Sa royauté sur tous les mondes après qu'ils ont été bénis de Lui.

Quelques questions spécifiques supplémentaires ont été couplées à cela pour éveiller la miséricorde et augmenter la bénédiction, y compris la confession, la mention des 13 Attributs, et l'inclination. C'est-à-dire : La confession est pour sceller la bouche des procureurs, afin qu'ils ne fassent pas rejeter la prière d'une personne, que le Ciel nous en préserve. Mentionner les 13 Attributs invoque leur pouvoir, pour que le Maître des mondes s'en tienne à Son attribut de miséricorde, et avec la domination de Sa hauteur surplombe la transgression et pardonne l'iniquité en l'absence de mérite. L'inclination est aussi une grande soumission devant Lui, dont le pouvoir est grand pour adoucir l'attribut de justice, et les très grandes miséricordes s'émeuvent, et l'influence est tirée en abondance et le soulagement. Cependant, ceci est l'ordre général sur lequel la prière a été instituée. Il y a de nombreux détails à cette généralité, sur lesquels dépendent les spécificités de l'ordre, avec les Psaumes et autres versets qui ont été institués - chaque question à sa place.

Vous devez savoir que dans l'ordre de la providence, la journée se divise en deux parties - le matin et l'après-midi qui est entre les soirs. De même, la nuit se divise en deux, comme mentionné précédemment. Dans chacun d'eux, il faut tirer l'illumination et l'influence vers les mondes selon l'aspect de cette partie du temps. Les prières ont été instituées selon leur nombre - ce qui est que pour les deux parties de la journée, Chaharit et Minha ont été instituées. Le matin, qui est le moment du renouvellement de l'influence selon l'aspect du jour, l'ordre a été institué pleinement selon tous les besoins. Cependant, pour la deuxième partie de la journée qui suit la première, seul un certain effort est requis, pour compléter la question selon cette partie du temps.

La nuit, puisqu'il y a plus de renouvellement là en raison du changement d'aspects - l'aspect de la nuit étant plus variable que le jour, contrairement du matin à l'après-midi - par conséquent, un ordre plus approfondi a été institué que Minha, spécifiquement les bénédictions de la récitation du Shema. Mais il est plus court que le matin, puisque dans tous les cas l'influence a déjà été tirée du matin. Cependant, pour la deuxième partie de la nuit, aucun ordre établi n'a été institué pour tous, afin de ne pas surcharger la communauté. Plutôt, la question a été laissée aux pieux, pour que chacun se lève et crie selon sa connaissance. La prière du soir elle-même était à l'origine non obligatoire, et ce n'est que plus tard qu'elle a été rendue obligatoire - d'autant plus pour la rectification de minuit. Vous voyez que les trois prières ont été instituées par les patriarches, et de ce point de vue, elles incombent à tout Israël de les avoir en ordre. Cependant, le roi David s'élevait avec ferveur pour la rectification de la dernière moitié de la nuit, comme il est dit : "A minuit, je me lève pour Te rendre grâce."[63] Il complète la rectification des patriarches pour Israël, comme mentionné. Mais cela n'a pas été rendu obligatoire pour tout Israël, seulement pour ses pieux, pour être à un niveau un peu inférieur à celui des patriarches.

Les jours saints, une prière supplémentaire a été ajoutée correspondant à l'offrande supplémentaire, et elle est selon l'influence supplémentaire ce jour-là selon la sainteté et la question de celui-ci.

---

[63] Psaumes. 119,62

Chapitre 7 - Sur le Service Périodique

Le culte temporaire est celui auquel nous sommes obligés à certains moments. Ses détails sont : observer le Shabat et sa sainteté, observer le neuvième du mois (9 Av) et son affliction, observer les fêtes, sanctifier les jours intermédiaires de la fête, s'abstenir de levain et manger de la Matsa aux moments appropriés, sonner du Shofar, s'asseoir dans la soukkah et prendre le loulav à leurs moments appropriés, et observer Roch Hodech, Hanoukka et Pourim. Nous allons maintenant expliquer leurs concepts :

Le concept général de Shabat est que, comme nous l'avons expliqué plus haut, la nature de ce monde est de rendre les choses mondaines non sacrées. Cependant, il était également nécessaire qu'une certaine sainteté soit donnée aux choses créées, afin que l'obscurité ne les submerge pas trop. La Sagesse suprême a jugé précisément le degré auquel la mondanité est nécessaire par rapport à la sainteté supplémentaire, les limitant aux quantités, qualités, lieux et moments appropriés, discernant toutes les distinctions qui existent dans les choses créées. En ce qui concerne l'aspect du temps, elle a arrangé le cycle des jours mondains et saints, avec des niveaux croissants de sainteté les jours saints eux-mêmes selon ce qui convient.

Elle a décrété que la plupart des jours devraient être mondains, avec de la sainteté uniquement dans la mesure nécessaire, qui est une partie sur sept - comme nécessaire pour ce monde, comme mentionné. Cependant, puisque cette partie sainte est la fin et l'achèvement du cycle, le cycle entier est rectifié et élevé par elle, de sorte que tous les jours d'une personne deviennent sanctifiés. C'est un grand don que Dieu a fait à Israël, voulant qu'ils soient une nation sainte, qui n'a pas du tout été donné aux autres nations, car cette élévation ne leur convient pas ou ne leur est pas destinée.

En effet, tout comme Israël atteint cette élévation spirituelle ce jour-là, son comportement doit également y correspondre. Cependant, les affaires du monde, comme nous l'avons expliqué plus haut, sont de celles qui lient une personne au matérialisme, dégradent ses affaires et diminuent la dignité et la valeur qui lui sont dues.

Par conséquent, on doit rompre cette connexion le Shabat, car les affaires de quelqu'un s'élèvent au-delà des préoccupations de la semaine, et on doit se conformer à la norme correspondant à cet état élevé. Pourtant, se détacher complètement de la physicalité et de ses affaires est impossible, car dans ce monde on est lié par des attaches physiques. Mais la Sagesse suprême a désigné le degré auquel on doit se détacher de la physicalité et le degré auquel on doit rester en son sein. Le niveau dont on doit se détacher, elle a commandé qu'on s'en détache, et elle a averti de ne pas cesser ce détachement ; et c'est le principe derrière tous les labeurs qui sont interdits le Shabat.

Outre s'abstenir de ne pas diminuer la sainteté accordée ce jour-là, il nous est également commandé d'honorer cette sainteté en nous réjouissant du Shabat, en honorant son arrivée et son départ avec Kiddouch et Havdala, et tous ses autres détails. Tout cela repose sur le fait de nous maintenir au niveau approprié pour la sainteté qui nous est accordée, en chérissant cette élévation, en honorant la question de sa sainteté qui est une grande proximité avec Dieu et s'attacher à Lui, et en honorant le Donateur qui nous a donné un si grand don. Les détails correspondent aux particularités de cette sainteté et de ses aspects, voies et ramifications, tels qu'ils sont réellement.

La Sagesse suprême a en outre décrété une sainteté supplémentaire pour Israël, leur donnant des jours saints en dehors du Shabat, par lesquels ils recevraient des degrés de sainteté inférieurs au niveau du Shabat. En conséquence, nous devons nous détacher des affaires mondaines en fonction du degré d'influence et d'illumination. Yom Kippour est le plus élevé, puis les fêtes, puis les jours intermédiaires où certains travaux sont interdits, puis Roch Hodech quand les femmes s'abstiennent de travailler, puis Hanouka et Pourim où aucun travail n'est interdit, juste des actions de grâce à Hanouka et de la joie à Pourim. Tout selon le degré d'influence et d'illumination.

Outre les niveaux gradués de sainteté selon la sainteté de chaque jour, il y a aussi des questions spécifiques uniques à chaque temps en fonction de son concept. La racine de tout cela est l'ordre décrété par la Sagesse suprême selon lequel chaque fois que le moment revient d'une rectification et d'une grande illumination antérieures, un reflet de cette lumière d'origine brille à nouveau, recréant cette rectification en ceux qui la reçoivent.

C'est pourquoi il nous est commandé concernant les questions de la sortie d'Égypte à Pessah, puisque c'était une rectification extrêmement grande dans laquelle nous avons été rectifiés, comme mentionné précédemment. Ainsi, lorsque ce moment revient, un reflet de cette lumière d'origine brille sur nous, recréant cette rectification en nous, nécessitant ces questions. De même, Chavouot pour le Don de la Torah, et Souccot pour les Nuées de Gloire, bien que ce ne soit pas exactement le même moment, la Torah a établi cette fête pour commémoration, comme il est dit "Dans des Souccot Je vous ais logés".

De même, Hanouka et Pourim. C'était aussi le concept des jours de jeûne consignés dans le Méguilat Taanit, qui furent annulés parce qu'Israël ne pouvait pas les endurer, bien qu'ils aient été exemptés de commémorer et de s'éveiller à ces lumières originelles. Nous allons maintenant expliquer ces commandements individuellement.

Chapitre 8 - Commandements liés au temps

La signification du levain et de la Matsa est que jusqu'à la sortie d'Égypte, Israël était mêlé aux autres nations, une nation parmi les nations. Avec leur départ ils furent rachetés et séparés. Jusque-là, l'aspect physique de tous les corps humains était enveloppé dans l'obscurité et l'impureté qui les avaient submergés. Avec la Sortie d'Égypte, Israël fut séparé et leurs corps furent préparés pour devenir purifiés et aptes à la Torah et au service divin.

À cette fin, il leur fut commandé d'annuler le levain et de manger de la Matsa. C'est-à-dire, le pain préparé pour la consommation humaine correspond à l'état souhaité à l'intérieur d'une personne. Et le levain, qui est l'état naturel du pain pour faciliter la digestion et le goût, suit également la norme appropriée pour une personne - qu'on a besoin de l'inclination au mal et des désirs physiques. Cependant, pour une période spécifique et mesurée, Israël avait besoin de s'abstenir de levain et de manger de la Matsa, en minimisant leur inclination au mal et leurs désirs matériels, tout en renforçant leur proximité avec la spiritualité. Mais être soutenu constamment ainsi est impossible, car cela n'est pas souhaitable dans ce monde. Plutôt, pendant le temps imparti, il est approprié de maintenir cette question, grâce à laquelle ils se tiendront au niveau qui leur convient. C'est l'essence de la fête de Pessah. Les autres commandements de la première nuit sont des questions spécifiques correspondant aux détails de cette rédemption.

La signification de la Soukkah et du Loulav est que les Nuées de Gloire avec lesquelles Dieu entoura Israël avaient, outre leur bénéfice physique de les abriter et de les protéger, une autre grande ramification dans les questions spirituelles. Tout comme à travers ces nuages Israël fut isolé seul, élevé au-dessus du sol, cela leur apporta une aura illuminatrice qui les isola seuls, séparés de toutes les nations, élevés et détachés du monde matériel lui-même, suprêmes sur toutes les nations de la terre. Cela s'est produit pour Israël à l'origine, pour les amener au niveau suprême qui leur convenait, et sa ramification se poursuit pour chaque Juif de chaque génération. Car une aura sainte entoure et cercle chaque Juif juste, le séparant de tous les autres peuples, l'élevant au-dessus d'eux, le rendant suprême sur eux tous.

Cela est recréé pour Israël à Souccot à travers la Soukkah. La lumière du nom de Dieu brille et couronne Israël, de sorte que la crainte d'eux tombe sur tous leurs ennemis, par la prise du Loulav et de ses espèces – comme il est dit : "Et tous les peuples de la terre verront que le nom de Dieu est proclamé sur toi."[64] Ils percevraient cela ouvertement, si les péchés ne le retenaient pas. Mais dans tous les cas, cela se concrétise en son temps. À travers les détails des commandements du Loulav, avec l'agitation et l'encerclage, cette question est complétée – pour renforcer la domination de Dieu sur Israël, frappant leurs ennemis devant eux, les assujettissant sous eux, jusqu'à ce qu'ils choisissent eux-mêmes de devenir leurs serviteurs. C'est le sens de "Des nations se prosterneront devant toi", etc., "Les fils de

---

[64] Devarim. 28,10

tes oppresseurs viendront vers toi courbés"[65], etc. Car ils deviendront tous asservis à eux et s'inclineront devant eux, pour recevoir à travers eux la lumière de l'aura divine qui repose sur eux. Leur arrogance sera complètement abaissée, courbée sous Israël, et ils reviendront au service de Dieu à travers eux. C'est le but de chaque détail du Loulav, comme expliqué.

Le but de commémorer Hanouka et Pourim est de mettre en lumière l'illumination divine qui était présente pendant ces événements historiques, en accord avec les rectifications spirituelles qui furent accomplies à ces moments-là. Dans le cas de Hanouka, cela implique de reconnaître la force et la résilience des Cohanim dans leur lutte contre les Grecs malfaisants, qui visaient à éloigner la nation d'Israël de leur service divin. La victoire des Cohanim a conduit à un regain de l'engagement d'Israël envers la Torah et ses enseignements. Cela est particulièrement évident dans la rédedicace de la Ménorah, qui avait fait l'objet de fausses accusations, mais qui fut restaurée à son état légitime par les Cohanim. Dans le cas de Pourim, nous célébrons le salut du peuple juif durant leur exil à Babylone, soulignant leur réacceptation renouvelée de la Torah - un engagement qu'ils ont choisi de maintenir pour toutes les générations futures, comme le soulignent les sages : "Ils l'ont réacceptée aux jours d'Assuérus". La nature spécifique de ces célébrations est adaptée aux rectifications spirituelles uniques associées à chaque fête.

---

[65] Isaie. 49, 23

À Roch Hachana, le Shofar joue un rôle central. C'est le jour où Dieu juge le monde entier, renouvelant toute l'existence et inaugurant une nouvelle année. La cour divine se réunit, et chaque créature est jugée selon la justice céleste, comme détaillé dans la Partie 2 de notre discussion. Les péchés de l'homme sont présentés par le procureur, ce qui pousse le commandement de Dieu de sonner du Shofar. Le but de ce rituel est d'invoquer la miséricorde divine, submergeant la dureté de la justice et faisant taire le procureur.

Comme nous l'avons expliqué précédemment, tout comme la justice divine dicte que la bonté n'est accordée qu'à ceux qui le méritent, il existe des actions qui, lorsqu'elles sont accomplies par l'homme, assurent qu'il soit traité avec miséricorde et compassion, indépendamment du respect strict de la loi. Cela est résumé dans l'enseignement du sage : "Celui qui pardonne aux autres, on lui pardonne toutes ses fautes". Ainsi, le Shofar, lorsqu'il est sonné avec l'intention appropriée et couplé à un repentir sincère, a le pouvoir d'invoquer la miséricorde divine, submergeant les forces du mal et annulant le pouvoir des accusateurs. Les détails spécifiques de ce rituel et son lien avec la miséricorde divine sont enracinés dans la nature fondamentale de la conduite divine.

Yom Kippour sert de don divin à Israël, fournissant un jour où le repentir est facilement accepté et les péchés facilement effacés. Le but est de réparer les dommages spirituels causés par le péché, de dissiper l'obscurité qu'il apporte, et de restaurer le pécheur dans un état de sainteté et de proximité divine. La journée est marquée par une illumination spéciale qui facilite ce processus, mais pour la recevoir, il faut adhérer aux rituels de repentance prescrits, notamment les afflictions qui élèvent l'état spirituel. Leurs détails sont liés au dommage spirituel spécifique de chaque cause d'impureté.

Les prophètes ont établi la pratique de la lecture de la Torah comme une rectification spirituelle significative pour Israël. Cela comprend deux pratiques principales : la lecture cyclique de l'ensemble du rouleau de la Torah, et la lecture de sections spécifiques à des moments précis. La Torah, dans son intégralité, représente la Sagesse divine qui nous a été conférée, et sa verbalisation fait jaillir l'illumination divine.

Pour maintenir une connexion constante avec cette lumière divine, la lecture communautaire de la Torah dans l'ordre a été instituée, complétant l'étude individuelle que chaque personne est encouragée à entreprendre en privé. De plus, la lecture de sections spécifiques à des moments particuliers exploite le pouvoir de la Torah pour améliorer l'illumination spirituelle de ces moments. Les détails de ces pratiques sont intimement liés à la nature de la rectification spirituelle qu'ils visent à atteindre.

Chapitre 9 - Service Circonstanciel et Bénédictions

Les œuvres circonstancielles sont les événements du quotidien des êtres humains, dans leur nourriture, leurs vêtements et tous leurs besoins terrestres.

En général, tout cela repose sur ce que nous avons déjà expliqué: tous les sujets dans tous les domaines du monde, qu'ils relèvent de la loi ou du hasard, dans quelque existence que ce soit, ont été fondés et décrétés en vue d'atteindre le véritable but ultime de la création que nous avons mentionné. Tous ces détails étaient nécessaires, chacun avec ses limites propres. Le besoin de tous ces détails et leurs formes découle des différents niveaux de la réalité et des influences qui s'y exercent. Dans tous ces domaines, des commandements ont été donnés pour que les choses restent du côté du bien et non du mal. Lorsque ces actions sont ainsi encadrées, ce qui en découle est bon et rectificatif. Dans le cas contraire, l'impureté et l'obscurité se répandent, conformément à la nature du sujet en question.

C'est sur ce modèle que nos Sages ont institué des bénédictions sur tous les sujets du monde et ses plaisirs. La racine en est la Bénédiction après le Repas, ordonnée dans la Torah. En effet, tous les sujets gravés dans la nature visent, à leur niveau, le but ultime qui est l'accomplissement de toute l'existence. Cependant, l'homme doit toujours avoir l'intention de servir son Créateur dans ses actes dictés par la nature. Tout ce qui découle de ces actes pour aider à la réalisation de ce but sera ainsi considéré comme relevant du service divin, de quelque manière que ce soit. Quel que soit leur niveau, ces sujets ne doivent donc être entrepris que dans ce but, et non par inclination matérielle. Ils doivent être maintenus dans les limites fixées par la Torah divine, pour constituer véritablement des aides vers le but ultime.

Ainsi, la Torah nous a enseigné qu'après avoir profité de notre nourriture, nous devons remercier Dieu et ramener la chose à son véritable objectif : l'accomplissement de Sa volonté, jusqu'à ce que Sa gloire en soit magnifiée. Telle est l'essence de la bénédiction après le repas, et de toute bénédiction après un plaisir. Nos Sages ont ajouté d'ordonner également des bénédictions avant le plaisir, pour élever davantage l'acte : même avant d'utiliser le monde, on doit mentionner le Nom Divin, recevoir ce bien de Lui et avoir l'intention qu'il ne s'agit pas que d'un plaisir matériel mais d'une chose préparée par Lui pour le bien véritable. Ainsi, en posant cet acte, on s'élève soi-même au lieu de l'opposé.

De même, dans l'accomplissement des commandements, nos Sages ont institué des bénédictions, pour remercier Dieu de ses bienfaits et grandes rectifications. On s'élève alors davantage, avec l'aide divine. Car plus on s'éveille à Lui, plus Il nous aide en retour.

"Heureux celui qui se confie dans l'Éternel."

Les Livres du Ramhal

Le Ramhal à écrit plus de 80 livres sur la Kabbalah, l'éthique, la philosophie et plus. La plupart de ses livres ont été perdus ou non encore trouvés et aujourd'hui nous ne connaissons que ceux-ci :

מסילת ישרים	סוד ה' ליראיו
דרך ה'	תקט"ו תפילות
מאמר העיקרים	תיקונים חדשים
דרך חכמה .	קיצור כוונות
דרך עץ החיים	עיקרי הדינים
דרך תבונות	אגרות רמח"ל
דעת תבונות	ירים משה
ספר הכללים	ספר השירים
קל"ח פתחי חכמה	שרשי המצוות
קנאת ה' צבאות	ספרי דקדוק ומליצה
אדיר במרום	לשון לימודים
משכני עליון	ספר ההגיון
מאמר הגאולה	ספר המליצה
זוהר תנינא	ספר הדקדוק
עשרה אורות	מחזות קודש:
פנות המרכבה	מעשה שמשון
האילן הקדוש	מגדל עוז או תומת ישרים.
מאמר הוויכוח	לישרים תהילה
חוקר ומקובל	בנין עולם
מלחמת משה	פתחי חכמה ודעת
רזין גניזין	

Description sommaire de quelques livres du Ramhal

Adir Bamarom

"Adir Bamarom" par le Ramhal est un commentaire sur la section Idrah Rabah du Zohar, un texte essentiel dans l'étude de la Kabbale. Le Ramhal vise à clarifier et à élaborer les enseignements du Zohar. Chaque section se construit sur la précédente, conduisant le lecteur à une compréhension plus profonde de la pensée et des concepts kabbalistiques.

Derech Eitz Chaim

"Derech Eitz Chaim" (La Voie de l'Arbre de Vie) est un guide profond de la méditation et de la prière juives. Il n'est pas divisé en chapitres dans un sens moderne, mais plutôt en un discours continu divisé en sections traitant de différents aspects de la pratique spirituelle et de la prière. Le texte vise à guider le lecteur vers une communion plus étroite avec le Divin à travers une compréhension et une pratique plus profondes des mitzvot (commandements) et de la prière, en se concentrant particulièrement sur les kavanot (intentions mystiques).

Hokhmat HaEmet

"Hokhmat HaEmet" (La Sagesse de la Vérité) est une œuvre sur l'exploration de la vérité kabbalistique et se penche sur la compréhension du Ramhal de la sagesse divine telle qu'elle se rapporte à la nature de Dieu, à la création et au chemin vers l'illumination spirituelle. Elle contient également une série de discours sur divers sujets de la mystique et de la philosophie juives.

Messilat Yesharim

Messilat Yesharim – La Voie des Justes est un classique de la littérature éthique juive. Écrit au 18ème siècle, c'est un guide pratique pour la croissance morale et spirituelle, enraciné dans la tradition Mussar. Il est structuré autour des étapes que l'on doit gravir pour atteindre la perfection spirituelle.

Chaque chapitre de "Messilat Yesharim" est conçu comme un tremplin, menant progressivement le lecteur des concepts fondamentaux à des étapes plus avancées de croissance spirituelle et d'excellence morale. Cette œuvre se caractérise par sa clarté, sa praticité et sa profondeur, offrant des conseils aussi pertinents aujourd'hui qu'à l'époque où elle a été écrite.

Klach Pitchei Chochmah

"Klach Pitchei Chochmah" - 138 Ouvertures de Sagesse est un texte kabbalistique complexe et dense, contenant des aperçus mystiques profonds sur la nature du divin et de l'univers. Le texte n'est pas structuré dans un format de chapitre typique, mais plutôt comme des entrées ou "ouvertures" individuelles qui explorent divers aspects de la sagesse kabbalistique. Ces ouvertures sont des sections concises, chacune discutant différents éléments du système Séphirotique, la structure des royaumes divins et l'interaction entre le physique et le spirituel.

Ma'amar HaGeulah

"Ma'amar HaGeulah", ou "Discours sur la Rédemption", est une exposition kabbalistique sur les thèmes de l'exil et de la rédemption tels qu'ils concernent à la fois les états spirituels individuels et le destin collectif du peuple juif et du monde, en particulier ceux concernant la rédemption ultime ou 'Geulah.'

Migdal Oz

"Migdal Oz", qui se traduit par "Tour Forte", est une autre des œuvres kabbalistiques du Ramhal. Il contient une série de discussions ou d'essais interconnectés sur divers thèmes spirituels et mystiques.

Kinat Hashem Tzevaot

"Kinat Hashem Tzevaot" - "Le Zèle du Seigneur des Armées." Ce travail discute de l'engagement passionné de Dieu envers Ses desseins et plans, particulièrement en ce qui concerne la défense de Son honneur et l'accomplissement de Sa volonté à travers l'histoire d'Israël et le déroulement du cosmos. Et le zèle divin tel qu'il concerne la rectification et la purification du monde, menant à la rédemption finale.

Sod Hageulah

"Sod Hageulah" - Secrets de la Rédemption est en accord avec la philosophie kabbalistique du Ramhal, il explore probablement les dimensions spirituelles plus profondes de la rédemption (Geulah), à la fois personnelle et collective. Il mêle des aperçus kabbalistiques profonds avec des conseils pratiques, encourageant les lecteurs à vivre avec une conscience du processus rédempteur et à y participer à travers la croissance spirituelle et la conduite éthique. Chaque section se construit sur la précédente, formant une image complète de la vision du Ramhal de la rédemption comme un voyage cosmique, historique et personnel vers la révélation divine.

Sefer HaKavanot

"Sefer HaKavanot", qui se traduit par "Le Livre des Intentions," est un manuel mystique qui plonge dans les kavanot, ou intentions mystiques spécifiques et méditations, que l'on devrait avoir lors de l'exécution des prières juives et des commandements (mitzvot). Le Ramhal, dans ce texte, élabore sur les racines spirituelles profondes des pratiques juives et comment chaque acte peut être un conduit pour attirer des influences divines et rectifier les différents royaumes spirituels.

Zohar Tinyana

"Zohar Tinyana", -Le Deuxième Zohar, est une extension des thèmes trouvés dans le Zohar classique, écrit dans un style similaire. Le Ramhal utilise la forme d'un commentaire mystique pour approfondir les secrets de la Torah, en développant les enseignements spirituels et éthiques contenus dans le Zohar original.

Ma'amar HaVikuach

"Ma'amar HaVikuach" - Le Philosophe et le Kabbaliste est une œuvre philosophique du Ramhal. Ce travail est structuré comme un dialogue entre un philosophe et un kabbaliste et vise à défendre la vision du monde kabbalistique contre les critiques philosophiques.

Le Ramhal utilise ce dialogue pour réconcilier les chemins apparemment divergents de la philosophie rationnelle et de la tradition mystique, arguant que la Kabbale fournit une compréhension plus profonde du monde qui complète plutôt que contredit la pensée rationnelle.

Le philosophe dans le dialogue représente l'approche rationaliste, cherchant à comprendre le monde à travers la logique et l'observation. En revanche, le kabbaliste représente la tradition mystique, qui inclut la connaissance ésotérique et la révélation divine comme sources de vérité.

Tout au long du dialogue, le Ramhal discute de sujets tels que la nature de Dieu, le problème du mal, le libre arbitre, le but des commandements, et le processus de raffinement spirituel. Il explique souvent comment les enseignements kabbalistiques approfondissent et enrichissent la compréhension philosophique de ces concepts.

Da'at Tevunot

"Da'at Tevunot" – La sagesse ultime de la conscience est l'une des principales œuvres du Ramhal. Le livre est structuré comme un dialogue entre l'intellect et l'âme, explorant la nature de la sagesse et de la justice divines. Il aborde des questions profondes sur la gestion de Dieu du monde, le but de la création, le rôle de l'humanité, et le processus de rédemption.

Extraits des livres du Ramhal, traduits par Rav Raphael Afilalo

La Voie des Justes – Mesilat Yesharim
La Sagesse de la Conscience – Daat Tevounot
Le Philosophe et le Kabbaliste - Meamar Havikouah

La Voie des Justes – Mesilat Yesharim

L'auteur a dit : Je n'ai pas composé cet ouvrage pour enseigner aux gens ce qu'ils ne savent pas, mais pour leur rappeler ce qui est déjà connu et largement diffusé parmi eux. Car vous ne trouverez dans la plupart de mes paroles que des choses que la plupart des gens connaissent et ne doutent pas du tout. Cependant, tout comme ces choses sont largement connues et leur vérité est évidente pour tous, l'oubli de celles-ci est également très courant et répandu. Par conséquent, le bénéfice tiré de ce livre ne vient pas de sa lecture unique, car il est possible que le lecteur ne trouve pas d'idées nouvelles dans son esprit après l'avoir lu qui n'y étaient pas avant de le lire, sauf un peu. Le bénéfice vient plutôt de sa révision et de sa persévérance, car ces choses qui sont naturellement oubliées par les gens seront rappelées, et on prendra à cœur son devoir qu'on néglige.

Si vous considérez l'état actuel de la plupart du monde, vous verrez que la plupart des gens à la compréhension rapide et à l'intellect acéré appliquent la majeure partie de leur analyse et de leur contemplation aux complexités des différentes sagesses et à la profondeur des études théoriques, chacun selon son inclination intellectuelle et son désir naturel. Certains déploient de grands efforts pour étudier la création et la nature, tandis que d'autres consacrent toute leur analyse théorique à l'astronomie et à la géométrie, et d'autres encore aux métiers. D'autres encore s'aventurent plus loin dans le sacré, c'est-à-dire l'étude de la Torah sacrée - certains dans les discussions halachiques, certains dans les midrashim et d'autres dans les décisions halachiques. Mais peu appartiennent à la catégorie qui établit l'étude et l'analyse des questions de perfection dans le service divin, de l'amour, de la crainte, de l'attachement et de tous les autres aspects de la piété (hassidout).

Ce n'est pas parce que ces questions ne sont pas des principes fondamentaux pour eux, car si vous leur demandez, chacun dira que c'est le principe principal. On ne peut pas imaginer une personne vraiment sage pour qui toutes ces questions ne sont pas claires. La raison pour laquelle ils n'appliquent pas beaucoup d'analyse à ce sujet est plutôt due au fait que ces questions sont si bien connues et simples pour eux qu'ils ne voient pas la nécessité d'y consacrer beaucoup de temps d'analyse. L'étude de ces questions et la lecture de livres de ce type sont laissées uniquement à ceux dont l'intellect n'est pas si aiguisé et proche d'être grossier. Vous les verrez assidus dans tout cela et ne pas en bouger, à tel point que selon la pratique répandue dans le monde, lorsque vous voyez un individu pieux, vous ne pouvez pas vous empêcher de le soupçonner d'être d'un intellect grossier.

Cependant, les résultats de cette pratique sont très préjudiciables tant pour les sages que pour les insensés, car elle fait que les deux manquent de véritable piété, la rendant très rare à trouver dans le monde. Elle fait défaut chez les sages en raison de leur analyse limitée, et chez les insensés en raison de leur compréhension limitée. En conséquence, la plupart des gens s'imaginent que la piété dépend de la récitation de nombreux psaumes, de confessions très longues, de jeûnes difficiles et d'immersions dans la glace et la neige - toutes choses dont l'intellect n'est pas satisfait et dont l'esprit n'est pas à l'aise.

La véritable piété, qui est désirable et agréable, est loin de notre image conceptuelle. C'est une chose simple - ce qui n'est pas l'obligation d'une personne, elle ne l'a pas à l'esprit. Même si ses principes de base sont déjà fixés dans le cœur de toute personne droite, s'il ne s'y engage pas, il en verra les détails sans les reconnaître ; il les rencontrera sans les remarquer. Voyez que les questions de piété et les questions de crainte, d'amour et de pureté du cœur ne sont pas des choses ancrées dans une personne au point qu'elle n'ait pas besoin de moyens pour les acquérir. Les gens ne les trouvent pas d'eux-mêmes comme ils trouvent toutes leurs fonctions naturelles comme le sommeil et l'éveil, la faim et la satiété, et toutes les autres fonctions gravées dans notre nature. Au contraire, elles nécessitent certainement des moyens et des stratégies pour les acquérir, et il y a aussi des facteurs qui leur nuisent et les éloignent d'une personne. Les moyens de distancier leurs effets néfastes ne manquent pas. Si c'est le cas, comment peut-on ne pas avoir besoin de consacrer du temps à l'analyse de cette question afin de connaître la vérité de ces choses, de savoir comment les acquérir et les maintenir ? D'où cette sagesse entrera-t-elle dans le cœur d'une personne si elle ne la cherche pas ?

Une fois que la nécessité de la perfection dans le service divin et l'obligation de sa pureté et de sa propreté ont été affirmées par toute personne sage - car sans celles-ci, il n'est certainement pas du tout désiré, mais méprisé et détesté, comme "l'Éternel sonde tous les cœurs et comprend l'inclination de toutes les pensées" (Chroniques 1:29:17) - comment répondrons-nous au jour de la réprimande si nous avons été négligents dans cette analyse et abandonné une chose qui nous incombe tant, car c'est l'essence de ce que l'Éternel notre D.ieu nous demande ? Est-il concevable que notre intellect peine et travaille dans des analyses dont nous ne sommes pas obligés, dans des échanges dont nous ne tirons aucun bénéfice, et dans des lois qui ne s'appliquent pas à nous, alors que nous laissons le grand devoir que nous devons à notre Créateur à l'habitude et le traitons comme une routine apprise des autres ? Si nous n'avons pas contemplé et analysé ce qu'est la vraie crainte et ses branches, comment l'acquerrons-nous et comment échapperons-nous à la vanité mondaine qui nous fait l'oublier ?

Ne sera-t-elle pas oubliée et perdue même si nous savons que c'est notre devoir ? De même, l'amour - si nous ne nous efforçons pas de l'inculquer dans nos cœurs avec la force de tous les moyens qui nous y amènent, comment le trouverons-nous en nous ? D'où viendront l'attachement et la passion pour Lui, béni soit-Il, et Sa Torah dans nos âmes si nous ne prêtons pas attention à Sa grandeur et Son exaltation, qui donnent naissance à cet attachement dans nos cœurs ? Comment nos pensées seront-elles purifiées si nous ne nous efforçons pas de les purger des souillures que la nature physique leur inflige, ainsi que de tous les traits de caractère qui nécessitent également correction et redressement - qui les redressera et qui les corrigera si nous n'y prêtons pas attention et n'examinons pas la question avec une grande précision ? En effet, si nous analysions la question avec une véritable analyse, nous la trouverions dans sa forme véritable et nous en bénéficierions, et nous l'enseignerions aux autres et leur en ferions également bénéficier.

C'est ce que Salomon a dit : "Si tu la cherches comme de l'argent et la recherches comme des trésors, alors tu comprendras la crainte de l'Éternel" (Proverbes 2:4-5). Il ne dit pas : "Alors tu comprendras la philosophie, alors tu comprendras l'astronomie, alors tu comprendras la médecine, alors tu comprendras les lois, alors tu comprendras les halachot", mais plutôt : "Alors tu comprendras la crainte de l'Éternel". Tu vois que pour comprendre la crainte, tu dois la chercher comme de l'argent et la rechercher comme des trésors. En effet, dans ce que nos ancêtres nous ont enseigné et dans ce qui est bien connu de toute personne intelligente en termes généraux - trouvera-t-on du temps pour tous les autres domaines d'analyse mais pas pour cette analyse ? Pourquoi une personne ne devrait-elle pas réserver des moments, au moins, pour cette contemplation, si elle est contrainte de se tourner vers d'autres analyses ou occupations le reste de son temps ?

Le verset dit : "Voici, la crainte de l'Éternel est la sagesse" (Job 28:28), et nos Sages, que leur mémoire soit bénie, ont dit (Shabbat 31b) : "'Voici' signifie un, comme en grec on appelle 'un' hen". Nous voyons que la crainte est la sagesse, et elle seule est la sagesse. Certes, ce qui n'implique pas d'analyse n'est pas appelé sagesse. Mais la vérité est qu'une grande analyse est nécessaire pour toutes ces questions - pour les connaître véritablement et non par l'imagination et le faux raisonnement, et d'autant plus pour les acquérir et les atteindre.

Celui qui les contemple verra que la piété ne dépend pas de ces choses que les pieux insensés imaginent, mais de choses de véritable perfection et de grande sagesse. C'est ce que Moïse notre maître, que la paix soit sur lui, nous enseigne lorsqu'il dit : "Et maintenant, Israël, que te demande l'Éternel ton D.ieu, sinon de craindre l'Éternel ton D.ieu, de marcher dans toutes Ses voies, de L'aimer et de servir l'Éternel ton D.ieu de tout ton cœur et de toute ton âme, de garder les commandements de l'Éternel et Ses statuts ?" (Deutéronome 10:12). Ici, il a résumé tous les éléments de la perfection du service qui est désirable pour Son Nom béni, qui sont : la crainte, la marche dans Ses voies, l'amour, l'intégrité du cœur et l'observance de tous les commandements.

La crainte est la crainte de Son exaltation, béni soit-Il, de sorte qu'on Le craint comme on craindrait un grand et formidable roi, et qu'on est gêné devant Sa grandeur pour chaque mouvement qu'on est sur le point de faire, et certainement lorsqu'on parle devant Lui dans la prière ou qu'on s'engage dans Sa Torah. Marcher dans Ses voies comprend toute la question de la rectitude des traits de caractère et de leur correction, et c'est ce qu'eux, que leur mémoire soit bénie, ont expliqué : "Tout comme Il est miséricordieux, tu dois être miséricordieux" (Shabbat 133b), et le principe général de tout cela est qu'une personne doit conduire tous ses traits de caractère et tous les types de ses actions selon l'intégrité et la moralité. Nos Sages, que leur mémoire soit bénie, l'ont résumé comme "Tout ce qui apporte de la gloire à son Créateur et de la gloire à lui de la part de l'homme" (Avot 2:1), c'est-à-dire tout ce qui mène au véritable bien ultime, c'est-à-dire que son résultat est le renforcement de la Torah et l'amélioration de la communauté des États. L'amour est que l'amour pour Lui, béni soit-Il, doit être inculqué dans le cœur d'une personne au point que son âme soit suscitée à faire ce qui Lui est agréable, tout comme le cœur est suscité à faire ce qui est agréable à son père et à sa mère, et qu'elle est affligée si cela fait défaut de sa part ou de la part des autres, et qu'elle est zélée pour cela et se réjouit grandement lorsqu'elle fait quelque chose de ce genre.

L'intégrité du cœur signifie que le service devant Lui, béni soit-Il, doit être avec pureté d'intention, c'est-à-dire dans le seul but de Le servir et non pour un autre motif. Cela inclut que l'on doit être entier dans le service et non comme quelqu'un qui boite entre deux opinions ou comme quelqu'un qui accomplit les commandements machinalement, mais que tout son cœur doit être consacré à cela. Observer tous les commandements : comme son sens littéral, c'est-à-dire observer tous les commandements avec tous leurs détails et conditions.

Or, ce sont tous des principes généraux qui nécessitent une grande explication. J'ai trouvé que nos Sages, que leur mémoire soit bénie, ont résumé ces parties dans un ordre différent, plus détaillé et arrangé selon la progression nécessaire pour les acquérir correctement. C'est ce qu'ils ont dit dans une baraïta, citée à divers endroits du Talmud, l'un d'eux dans le chapitre "Avant leurs fêtes". Voici leurs paroles : "D'ici Rabbi Pinchas ben Yaïr a dit : la Torah mène à la vigilance, la vigilance mène à la diligence, la diligence mène à la propreté, la propreté mène à la séparation, la séparation mène à la pureté, la pureté mène à la piété, la piété mène à l'humilité, l'humilité mène à la crainte du péché, la crainte du péché mène à la sainteté, la sainteté mène à l'inspiration divine, l'inspiration divine mène à la résurrection des morts."

Sur la base de cette baraïta, j'ai décidé de composer cet ouvrage pour m'enseigner et rappeler aux autres les conditions d'un service parfait, selon leurs niveaux. J'expliquerai pour chacun ses questions et parties ou détails, la manière de l'acquérir et ce qui lui nuit, et la manière de s'en prémunir. Car je le lirai, ainsi que tous ceux qui y trouveront contentement, afin que nous apprenions à craindre l'Éternel notre D.ieu, et notre devoir envers Lui ne sera pas oublié par nous. Et ce que la corporéité de la nature s'efforce d'ôter de notre cœur, la lecture et la contemplation le ramèneront à notre mémoire et nous éveilleront à ce qui nous est ordonné. Que l'Éternel soit notre soutien et garde nos pieds d'être piégés, et que la requête du psalmiste, bien-aimé de son D.ieu, s'accomplisse en nous : "Enseigne-moi Ta voie, ô Éternel, afin que je marche dans Ta vérité ; unis mon cœur pour craindre Ton Nom" (Psaumes 86:11).

L'obligation générale d'une personne dans son monde

Le fondement de la piété et la racine du service complet est qu'une personne clarifie et vérifie quel est son devoir dans son monde et vers quoi il doit placer sa perspective et son aspiration dans tout ce pour quoi il peine tous les jours de sa vie. Ce que nos Sages de mémoire bénie nous ont enseigné, c'est que l'homme n'a été créé que pour se délecter en D.ieu et se prélasser dans le rayonnement de Sa Présence, car c'est le véritable délice et le plus grand de tous les plaisirs qui puissent être trouvés. Le lieu de ce délice est véritablement dans le Monde à venir, car il a été créé avec la préparation nécessaire à cela.

Cependant, le moyen d'arriver à cette destination désirée est ce monde. C'est ce qu'ils ont dit, de mémoire bénie (Avot 4:16) : "Ce monde est comme un vestibule avant le Monde à venir". Les moyens qui amènent une personne à cet objectif ultime sont les mitsvot que D.ieu, béni soit Son Nom, nous a ordonné d'accomplir. Le lieu d'accomplissement des mitsvot est uniquement dans ce monde. Par conséquent, l'homme a été placé dans ce monde en premier, afin que par ces moyens qui sont à sa disposition ici, il puisse atteindre le lieu qui lui a été préparé, qui est le Monde à venir, pour s'y délecter du bien qu'il a acquis par ces moyens. C'est ce qu'ils ont dit, de mémoire bénie (Erouvin 22a) : "Aujourd'hui est pour les faire et demain est pour recevoir la récompense".

Quand vous contemplez la question, vous verrez que la vraie perfection n'est que l'attachement à Lui, béni soit-Il, et c'est ce que le roi David disait (Psaumes 73:28) : "Mais pour moi, la proximité de D.ieu est mon bien". Et il dit (ibid. 27:4) : "Une chose que je demande à l'Éternel, que je cherche - que je puisse demeurer dans la Maison de l'Éternel tous les jours de ma vie, etc." Car seul cela est bon, et tout ce que les gens considèrent comme bon en dehors de cela est vanité et folie trompeuse. Cependant, lorsqu'une personne mérite ce bien, il convient qu'elle peine et s'efforce d'abord avec acharnement pour l'acquérir. C'est-à-dire qu'elle doit s'efforcer de s'attacher à Lui, béni soit-Il, par le pouvoir des actes qui mènent à cette question, et ce sont les mitsvot.

Or, le Saint, béni soit-Il, a placé l'homme dans un endroit où de nombreuses choses l'éloignent de Lui, béni soit-Il, et ce sont les désirs matériels ; s'il est attiré par eux, voici qu'il s'éloigne et s'éloigne du véritable bien. Ainsi, il est véritablement placé au milieu de la bataille féroce, car toutes les questions du monde, qu'elles soient bonnes ou mauvaises, sont des épreuves pour l'homme. La pauvreté d'un côté et la richesse de l'autre, comme l'a dit Salomon (Proverbes 30:9) : "De peur que je ne sois rassasié et que je ne renie et que je ne dise : 'Qui est l'Éternel ?', et de peur que je ne devienne pauvre et que je ne vole, etc." La tranquillité d'un côté et la souffrance de l'autre, jusqu'à ce que la bataille se trouve devant lui et derrière lui. S'il sera un homme de valeur et triomphera dans la guerre de tous les côtés, il sera l'homme parfait qui méritera de s'attacher à son Créateur et de sortir de ce vestibule pour entrer dans le palais et se prélasser dans la lumière de la vie. Dans la mesure où il a vaincu son mauvais penchant et ses désirs et s'est éloigné de ce qui l'éloigne du bien et s'est efforcé de s'attacher à Lui, il L'atteindra et se réjouira en Lui.

Si vous approfondissez la question, vous verrez que le monde a été créé pour l'usage de l'homme. Cependant, il se tient en grand équilibre. Car si l'homme est attiré par le monde et s'éloigne de son Créateur, voici qu'il se détériore et fait se détériorer le monde avec lui. Mais s'il domine sur lui-même et s'attache à son Créateur et n'utilise le monde que pour l'aider dans le service de son Créateur, il s'élève et le monde lui-même s'élève avec lui. Car c'est en effet une grande élévation pour toutes les créatures que d'être au service de l'homme parfait qui est sanctifié de Sa sainteté, béni soit-Il. C'est comme la question que nos Sages, que leur mémoire soit bénie, ont dite concernant la lumière que le Saint, béni soit-Il, a mise de côté pour les justes, et voici leurs paroles (Haguiga 12a) : "Lorsque le Saint, béni soit-Il, a vu la lumière qu'Il a mise de côté pour les justes, Il s'est réjoui, comme il est dit (Proverbes 13:9) : 'La lumière des justes se réjouira'".

Concernant les pierres que Yaakov a prises et placées autour de sa tête, ils ont dit (Houllin 91b) : "Rabbi Yitshak a dit : Cela enseigne qu'elles se sont toutes rassemblées en un seul endroit et que chacune a dit : 'Sur moi le juste reposera sa tête'".

Nos Sages de mémoire bénie nous ont en effet alertés sur ce fondement dans le Midrach Kohélet (Rabba 7:13), où ils ont dit, voici leurs paroles : "'Vois l'œuvre de D.ieu, etc.' (Kohélet 7:13). "Lorsque le Saint, béni soit-Il, a créé Adam le premier homme, Il l'a pris et l'a conduit autour de tous les arbres du Jardin d'Éden et lui a dit : Vois Mes œuvres, combien elles sont belles et louables ! Tout ce que J'ai créé, Je l'ai créé pour toi. Fais attention à ne pas corrompre et détruire Mon monde".

En résumé, l'homme n'a pas été créé pour sa situation dans ce monde, mais pour sa situation dans le Monde à venir. Cependant, sa situation dans ce monde est un moyen pour sa situation dans le Monde à venir, qui est le but ultime. Par conséquent, vous trouverez que les déclarations de nos Sages, que leur mémoire soit bénie, sont nombreuses et toutes suivent un style, comparant ce monde à un lieu et un temps de préparation, et le Monde à venir au lieu de repos et de consommation de ce qui est déjà préparé. C'est ce qu'ils ont dit : "Ce monde est semblable à un vestibule" (Avot 4:16), comme ils l'ont dit, de mémoire bénie : "Aujourd'hui est pour les faire et demain est pour recevoir la récompense" (Erouvin 22a). "Celui qui a peiné la veille de Chabbat mangera le Chabbat" (Avoda Zara 3a). "Ce monde est semblable à la terre sèche et le Monde à venir à la mer, etc." (Kohelet Rabba 1:15). Il y a de nombreuses déclarations de ce genre suivant cette ligne.

Vous pouvez vraiment voir qu'aucune personne intelligente ne pourrait croire que le but de la création de l'homme est pour sa situation dans ce monde. Car qu'est-ce que la vie de l'homme dans ce monde, et qui est vraiment heureux et tranquille dans ce monde ? "Les jours de nos années parmi eux sont de soixante-dix ans, et si avec de la force, quatre-vingts ans ; mais leur fierté est peine et douleur" (Psaumes 90:10) - avec de nombreux types de douleur, de maladies, d'infirmités et de troubles, et après tout cela, la mort. On ne trouve pas un sur mille à qui le monde accorde de nombreux plaisirs et une véritable tranquillité, et même lui, s'il vit cent ans, est déjà passé et nié du monde.

De plus, si le but de la création de l'homme était pour sa situation dans ce monde, il n'y aurait pas besoin de lui inculquer une âme si importante et élevée qui serait même plus grande que les anges eux-mêmes, d'autant plus qu'elle ne trouve aucune satisfaction dans les plaisirs de ce monde. C'est ce qu'ils nous ont enseigné, de mémoire bénie, dans le Midrach Kohélet, voici leurs paroles (Kohélet Rabba 6:6) : "'Et aussi l'âme ne sera pas remplie' - À quoi la question est-elle comparable ? À un villageois qui a épousé une princesse. S'il lui apporte tout ce qui est dans le monde, cela ne vaut rien pour elle, car elle est une princesse. Il en est de même pour l'âme - si vous lui apportez toutes les délices du monde, elles ne sont rien pour elle. Pourquoi ? Parce qu'elle vient d'en haut".

De même, nos Rabbins, que leur mémoire soit bénie, ont dit (Avot 4:22) : "Contre ta volonté tu as été créé et contre ta volonté tu es né". Car l'âme n'aime pas du tout ce monde ; au contraire, elle le méprise. Si c'est le cas, le Créateur, béni soit-Il, ne créerait certainement pas une création pour un but qui est contraire à sa nature et méprisé par elle. Au contraire, la création de l'homme est pour sa condition dans le Monde à venir. Par conséquent, cette âme a été placée en lui, car il convient qu'elle serve, et par elle l'homme peut recevoir une récompense en son lieu et son temps, de sorte que rien de méprisé ne tombera sur son âme dans ce monde. Au contraire, elle sera aimée et chérie par elle. C'est simple.

Maintenant que nous savons cela, nous comprenons immédiatement la sévérité des mitsvot qui sont sur nous et la préciosité du service qui est entre nos mains. Car voici, ce sont les moyens qui nous amènent à la véritable perfection, sans laquelle elle ne peut être atteinte du tout. Cependant, il est connu que le but n'est atteint que par le pouvoir de réunir tous les moyens qui ont été trouvés et qui ont servi à l'atteindre. Selon le pouvoir des moyens et leur utilisation, tel sera le but qui en naîtra. Toute légère différence trouvée dans les moyens, son résultat sera certainement discerné avec clarté lorsque le moment du but né de l'assemblage de tous arrivera, comme je l'ai écrit, et c'est clair. Désormais, il est certain que la précision avec laquelle on doit être exigeant concernant les mitsvot et le service doit être avec la plus grande précision, comme les peseurs d'or et de perles sont exigeants en raison de leur grande valeur. Car leur résultat naît dans la véritable perfection et la préciosité éternelle, au-dessus de laquelle il n'y a pas de plus grande préciosité.

Nous avons ainsi appris que la principale existence de l'homme dans ce monde n'est que pour accomplir les mitsvot, servir et résister aux épreuves. Les plaisirs du monde ne devraient pas être pour lui sauf simplement comme une aide et une assistance, afin qu'il ait contentement et tranquillité d'esprit pour tourner son cœur vers ce service qui lui incombe. En effet, il convient pour lui que toute son orientation ne soit que vers le Créateur béni, et qu'il n'ait aucun autre but dans tout acte qu'il accomplit, petit ou grand, sauf de se rapprocher de Lui, béni soit-Il, et d'abattre toutes les barrières qui le séparent de son Créateur. Ce sont toutes des questions de matérialité et de ce qui en dépend, jusqu'à ce qu'il soit attiré après Lui, béni soit-Il, littéralement comme le fer après un aimant. Tout ce à quoi il peut penser comme moyen pour cette proximité, il doit le poursuivre, le saisir et ne pas le lâcher.

Et tout ce à quoi il peut penser comme une entrave à cela, il doit le fuir comme on fuit le feu. Comme il est dit (Psaumes 63:9) : "Mon âme s'attache à Toi ; Ta main droite me soutient". Puisque sa venue au monde n'est que dans ce but, à savoir atteindre cette proximité en délivrant son âme de tout ce qui l'empêche et la fait perdre, maintenant que nous connaissons et avons clarifié pour nous-mêmes la vérité de ce principe, nous devons examiner ses détails selon leurs niveaux, du début de la question à sa fin, comme Rabbi Pinhas ben Yaïr les a arrangés dans sa déclaration que nous avons déjà citée dans notre introduction. Ce sont : la vigilance, la diligence, la propreté, la séparation, la pureté, la piété, l'humilité, la crainte du péché et la sainteté. Nous allons maintenant les expliquer un par un avec l'aide du Ciel.

La Sagesse de la Conscience – Daat Tevounot

Comprendre les principes fondamentaux de la foi

Âme : Mon désir et ma volonté est de me fixer sur certaines des choses dont il est dit (Deutéronome 4:39) : "Et tu sauras aujourd'hui, et tu réfléchiras en ton cœur, que l'Éternel seul est Dieu", car ce sont là des fondements de notre foi que toute personne est obligée de poursuivre, au mieux de ses capacités.

Intellect : Où vas-tu ? Les principes sont au nombre de treize - sur lesquels souhaites-tu méditer ?

Âme : Les treize principes sont tous validés pour moi sans aucun doute; mais certains sont à la fois vérifiés et compris, tandis que d'autres sont vérifiés par la foi mais non clarifiés par la compréhension et la connaissance.

Intellect : Quels sont ceux qui sont vérifiés pour toi, et quels sont ceux qui sont clarifiés pour toi ?

Âme : L'existence, l'unité, l'éternité, l'incorporalité et l'immatérialité de Dieu, la création du monde, la prophétie, la prophétie de Moïse, la Torah venant du ciel et son éternité - je crois et comprends tout cela sans avoir besoin de plus de clarification. Mais la providence, la récompense et la punition, la venue du Messie et la résurrection des morts - je crois par obligation religieuse, mais j'aimerais avoir une raison d'être à l'aise avec eux.

Intellect : Quelles difficultés as-tu avec ces questions ?

Âme : Les grandes causes qui bouleversent le monde et qui semblent montrer le contraire de la providence, que Dieu nous en préserve. D'autant plus que la raison ne peut pas voir la fin et le but des choses, comment Dieu conduit Ses créatures, et quel est le but ultime; car les actes du Dieu béni ont une telle ampleur qu'aucun cœur ne peut les contenir. J'aimerais que tu m'enseignes un chemin droit pour comprendre la droiture de ces questions, sans tourner à droite ni à gauche.

Intellect : Il y a des questions très difficiles et profondes ici, comme la souffrance des justes et la prospérité des méchants, qui ont troublé même les plus grands sages et prophètes, y compris Moïse. Elles ne peuvent pas être entièrement comprises.

Âme : Je laisserai de côté les détails incompréhensibles. Mais fournissez-moi au moins des principes généraux justes, afin que je puisse avoir des conseils et des raisons au milieu de l'ampleur de ces questions. Ce que ma connaissance n'atteint pas, j'accepterai que ce n'est pas à moi de le compléter.

Intellect : Il est certain que le Saint, béni soit-Il, a établi Son monde sur la justice et la conduite droite et fidèle, comme en témoigne le berger fidèle (Deutéronome 32:4), "Le Rocher, Son œuvre est parfaite, car toutes Ses voies sont justice ; un Dieu de fidélité et sans iniquité, juste et droit est-Il."

Âme : La droiture de cette justice et la profondeur de ce conseil parfait est ce que je désire entendre expliqué clairement.

Le but de l'existence et du service de l'homme

Intellect : Nous devons d'abord clarifier la question de l'existence humaine et du service incombant à l'homme, pour comprendre le but recherché dans tout cela.

Âme : Cela nécessite certainement beaucoup de contemplation pour le comprendre clairement dans toutes ses parties.

Intellect : Le premier fondement sur lequel repose toute la structure est que la volonté suprême a voulu que l'homme se perfectionne lui-même et toutes les créatures pour son bien - cela sera son mérite et sa récompense. Son mérite est qu'il s'engage et travaille pour atteindre cette perfection, en jouissant des fruits de ses propres efforts. Sa récompense est qu'il sera lui-même perfectionné et se délectera dans le bien pour toujours.

Âme : Ce fondement comprend de nombreux angles. J'attends d'entendre ce que vous allez construire sur cette base, afin que je puisse discerner de manière globale ce qu'il inclut. Mais d'abord, y a-t-il une raison pour laquelle la volonté suprême a voulu cela ?

Intellect : La raison est simple et dépend de la réponse à une autre question - pourquoi le Créateur béni a-t-il voulu créer des créatures ?

Âme : Vous répondez à une question qui est égale pour nous deux.

Intellect : Ce que nous pouvons comprendre, c'est que Dieu, le bien ultime, a voulu créer des créatures afin de leur faire du bien, car s'il n'y a pas de bénéficiaires du bien, il n'y a pas de bienfaisance. Pour que la bienfaisance soit complète, Il a su dans Sa haute sagesse que les bénéficiaires devaient la recevoir par leurs propres efforts, devenant ainsi propriétaires de ce bien sans honte, contrairement à celui qui reçoit la charité. À ce sujet, ils ont dit (Talmud de Jérusalem, Orlah 1:3), "Celui qui mange ce qui ne lui appartient pas a honte de regarder son visage."

Âme : La raison s'installe dans mon cœur. Maintenant, complétez vos paroles.

Intellect : De cette prémisse émerge une grande racine à contempler - la question de la déficience et de sa perfection. Nous devons savoir ce qu'est la déficience, ses conséquences, la rectification par laquelle la création est perfectionnée, la manière de faire cette rectification et ses conséquences.

Âme : Mais je pense que nous devons d'abord comprendre la perfection que l'homme atteindra lorsqu'il aura terminé son travail et se sera reposé de son labeur. Alors nous pourrons comprendre rétrospectivement tout ce que nous avons mentionné, car ce que l'homme finira par atteindre est ce qui lui manquait au départ et qu'il doit s'efforcer d'acquérir.

Intellect : Vous avez parlé correctement. Nous pouvons maintenant comprendre la perfection en général, pas en détail, mais cette connaissance générale nous permettra de comprendre les déficiences en détail, car chaque déficience est l'absence de cette perfection.

Âme : Dites ce que vous avez à dire sur cette perfection.

Intellect : Cette perfection est simple d'après l'Écriture et la raison; c'est que l'homme s'attachera à la sainteté de Dieu et jouira de la perception de Sa gloire sans aucun obstacle ni obstruction. Comme il est écrit (Isaïe 58:14), "Alors tu te délecteras en l'Éternel" ; (Psaumes 140:14), "Les hommes droits habiteront en Ta présence" ; (Ibid. 16:11), "Rassasiement de joies en Ta présence", et beaucoup d'autres comme ceux-ci dans les paroles des prophètes et des écrits, révélés à toutes les nations. Dans les paroles de nos Sages (Berachot 17a), "Le monde à venir n'a ni manger ni boire etc., mais les justes sont assis avec leurs couronnes sur la tête et se délectent dans le rayonnement de la présence divine." La raison le dicte également, car l'âme est une partie de Dieu en haut, et son désir est certainement de retourner et de s'attacher à sa source, comme c'est la nature de chaque effet qui aspire à sa cause et n'a pas de repos jusqu'à ce qu'il l'atteigne. Mais la nature de cette adhésion et de cette réalisation, nous n'avons pas le pouvoir de la comprendre au milieu de nos déficiences actuelles. De là, nous discernons que nos déficiences sont la distance et l'obstacle qui s'interposent entre nous et Dieu, rendant impossible de s'attacher à Lui comme nous le ferons après que l'obstacle aura disparu. C'est la déficience que nous devons nous efforcer d'éloigner de nous afin d'acquérir la perfection dont nous avons parlé.

Le Philosophe et le Kabbaliste – Meamar Havikouah

Philosophe : Que la paix soit sur vous, mon frère ! Comme il est bon que vous veniez en ce moment, car j'ai grand besoin de vous.

Kabbaliste : Comment un philosophe peut-il avoir besoin d'un kabbaliste ? Vous avez déjà laissé vos pensées parcourir tous les recoins de la création et vous l'avez subjuguée sous vous avec vos preuves décisives. En quoi puis-je vous être utile ?

Philosophe : Les louanges excessives ne sont rien d'autre que de la moquerie. Venons-en au fait. Je vous parlerai avec l'intégrité de mon cœur, comme le veut notre amitié. J'ai lu et entendu certaines choses de votre Kabbalah, et elles me semblent tout à fait étranges, car elles contredisent entièrement mes recherches. Cependant, comme j'ai vu de nombreux individus pieux qui ont suivi ses voies, je me suis dit que je verrais ce que vous avez à dire. Peut-être entendrai-je de vous quelque chose qui, s'il n'est pas convaincant, ne sera du moins pas contradictoire et insensé selon la saine raison, comme cela me semble actuellement, ne me laissant d'autre choix que de le rejeter.

Kabbaliste : Je ferai comme vous le dites et vous informerai de la vérité telle qu'elle nous a été transmise par ceux qui connaissent la vérité. Tout le bénéfice de cette connaissance sera que vous receviez de moi une autre connaissance : que vous sachiez que tout ce qu'une personne peut saisir par son enquête philosophique est considéré comme rien par rapport à ce qu'elle peut saisir par la véritable Kabbalah. À ce sujet, le sage a dit : "Car le Seigneur donne la sagesse, de sa bouche viennent la connaissance et la compréhension" (Proverbes 2:6). Maintenant, ouvrez grand votre bouche, et je la remplirai.

Philosophe : Tout d'abord, je voudrais savoir de vous au sujet des sefirot dont vous parlez - que sont-elles ? J'aimerais le savoir clairement, car j'ai entendu des choses si étranges à leur sujet que j'ai dû me retenir par respect de crier dans les rues à quel point j'en étais étonné. J'ai été presque contraint de dire qu'il s'agissait de choses insensées.

Kabbaliste : Dites-moi ce que vous avez entendu à ce sujet.

Philosophe : J'ai entendu dire qu'elles sont une lumière que l'Émanateur, béni soit-Il, a émanée de Sa lumière primordiale, et que Lui, béni soit-Il, se revêt d'elles comme une âme dans un corps.

Kabbaliste : Qu'avez-vous entendu d'autre à ce sujet ?

Philosophe : J'ai entendu dire qu'il y a Atzilut, et il y a Beriah, Yetzirah et Asiyah. La différence entre eux est que Beriah, Yetzirah et Asiyah ne sont rien d'autre qu'une illumination de cette lumière émanée dont nous avons parlé, et qu'elle est divisée en deux parties. La partie intérieure, c'est-à-dire l'âme, est appelée Divinité, tandis qu'à partir de l'âme et en dessous, ce n'est plus appelé Divinité, mais plutôt le "Monde de la Séparation". Cela s'applique aux trois mondes.

Kabbaliste : Que dites-vous de cela ?

Philosophe : Par la vie de mon âme, je ne sais même pas comment organiser mes difficultés en raison de leur grande quantité et qualité, car cela contredit toute raison et la vérité de notre foi.

Kabbaliste : Comment cela ?

Philosophe : Désormais, vous n'échapperez pas à l'une de ces deux options : soit vous direz qu'elles sont la Divinité, soit non.

Kabbaliste : Mais vous avez déjà entendu parler de cela, qu'Atzilut est la Divinité.

Philosophe : Si c'est la Divinité, comment pouvez-vous concevoir dans votre esprit que la Divinité puisse dériver de la Divinité ?
Vous avez dit deux choses - que cela contredit toute raison et notre foi.

Philosophe : En effet, en ce qui concerne la raison, c'est comme je l'ai dit. Car comment peut-on concevoir que la Divinité dérive de la Divinité ? Car Dieu, c'est-à-dire cet Être unique qui doit exister pour être la tête de toutes les créatures - puisqu'elles sont nombreuses, il est impossible qu'elles soient conduites dans un ordre égal et fixe, sauf par une seule tête au-dessus d'elles toutes. Par conséquent, nous devons comprendre cet Être unique comme l'unité ultime. Comment pouvons-nous concevoir la pluralité, la naissance et la dérivation de la lumière en Lui ?

Quant à la foi, dis-moi maintenant, cette notion est-elle si éloignée, Dieu nous en préserve, de la croyance des chrétiens, que leur nom soit effacé, qui ont posé la Trinité, disant qu'Il est trois et qu'Il est un ? Car l'Un engendre effectivement une progéniture de Lui-même, et pourtant tout est un. De plus, ce qui est renouvelé ne doit pas avoir existé avant son renouvellement. Si vous dites que les sefirot sont une nouvelle divinité, tandis que l'Infini est une divinité ancienne, n'est-ce pas exactement ce qui est dit de ces choses : "Ils ont choisi de nouveaux dieux" (Juges 5:8) ?

De plus, à quel point vous trébucherez dans la foi, car nous savons que le Saint, béni soit-Il, est absolument simple, non affecté par des contingences corporelles. Selon vos paroles, il n'y a pas de plus grande contingence que celle-ci - que Son essence, bénie soit-Elle, se transforme du non-être à l'être.

Kabbaliste : Vous avez déjà ébranlé le monde entier avec vos paroles. Avez-vous d'autres difficultés de ce genre ?

Philosophe : En effet, j'en ai. Car maintenant, je n'ai parlé qu'en général de la question d'Atzilut. Lorsque nous en venons à Beriah, Yetzirah et Asiyah - elles sont extrêmement nombreuses. En vérité, j'ai des questions et des difficultés si fortes qu'aucun esprit de personne sage et compréhensive ne peut les supporter.

Kabbaliste : Veuillez énoncer vos paroles, et faites-moi savoir ce que vous avez à dire à ce sujet.

Difficultés concernant les sefirot de Beriah, Yetzirah, Asiyah

Philosophe : Lorsque vous en venez à Beriah, Yetzirah, Asiyah, vous faites un continuum, et vous l'appelez encore Divinité. Ensuite, vous dites qu'une partie est appelée Divinité, tandis qu'une partie n'est pas appelée de ce nom. Dites-moi, par votre vie, avez-vous déjà entendu que la Divinité puisse être divisée à tel point que la moitié reste Divinité tandis que l'autre moitié ne le fait pas, mais devient plutôt un esclave subordonné à la première moitié ? Croyez-moi, ami fidèle, ce ne sont pas des paroles de sagesse. Il est impossible d'amener de telles choses aux oreilles d'une personne intelligente, seulement aux simples d'esprit qui croient tout.

Cependant, il y a deux choses que j'aimerais savoir en tout cas : Premièrement, qui nous a impliqués dans ce conflit ? Deuxièmemement, quel bénéfice émerge de cette connaissance ? La foi que toute la congrégation d'Israël croit - que le Créateur est Un, qu'Il gouverne Son monde, qu'Il nous a donné Sa Torah, et que notre Messie viendra - n'est-elle pas bonne ? De quel besoin avons-nous de toutes ces questions de sefirot et de mondes qui n'engendrent que de la confusion ?

Kabbaliste : Veuillez compléter vos paroles.

Philosophe : J'ai une difficulté qui englobe toutes les difficultés - que tout ce que j'ai lu ou entendu est étonnant du début à la fin. Cependant, je pense que si je trouvais au moins un fondement solide sur lequel toutes ces structures pourraient être construites, alors peut-être que les détails seraient compréhensibles. Mais sans cela, pourquoi devrais-je me fatiguer sur les détails quand l'ensemble est difficile ?

Un corps peut-il se développer à partir de la Divinité ?

Cependant, je ne m'abstiendrai pas de mentionner une forte difficulté que j'ai avec leurs paroles, qui se ramifie en deux, mais a une racine :
J'ai entendu que vous dites que les sefirot se sont développées niveau par niveau jusqu'à ce que ce monde physique soit créé. C'est une question extrêmement difficile. Quel sens peuvent avoir ces paroles ? Comment ce qui est Divinité peut-il se développer au point de devenir un corps opaque ?

Comment pouvons-nous comprendre l'émergence de l'Autre Côté à partir de la Sainteté ?

La deuxième difficulté, encore plus grande et plus étonnante, est ce qu'ils disent - que l'Autre Côté a émergé de la fin du din (justice). Plus étonnant encore, ils disent qu'au départ, le bien et le mal étaient mélangés, et c'est pourquoi les premiers mondes ont été détruits, jusqu'à ce que le bien soit clarifié par lui-même, qui sont les sefirot de sainteté, et le mal par lui-même, qui sont les sefirot de l'Autre Côté. Pour moi, cette question semble presque une hérésie, Dieu nous en préserve - de dire que l'Autre Côté était initialement mélangé dans les sefirot, que ce soit ouvertement ou secrètement.

Dites ce que vous voulez, mais ils étaient une seule entité. Comment une chose peut-elle en être clarifiée, une partie devenant les sefirot, qui est la Divinité, et l'autre partie devenant l'Autre Côté ? Je n'ai pas le cœur d'accepter ces choses, et certainement pas de les prononcer, car il me semble que cela conduit à l'hérésie de deux autorités, Dieu nous en préserve.

Si vous répondez que les sefirot sont une lumière émanée de l'Infini béni, et que c'est pourquoi de telles choses sont possibles pour elles, c'était déjà la première difficulté - comment peut-on dire que la Divinité émane de la Divinité ? Si elles émanent de Lui, elles sont en dehors de Lui. Même si vous dites cent fois qu'elles sont comme une flamme reliée à un charbon (Sefer Yetzirah 1:7), ce sont des choses dites par la bouche mais qui ne sont pas acceptées par le cœur. Car dire que quelque chose qui n'est pas essentiellement divin pourrait encore être divin est l'une des impossibilités.

Comment pouvons-nous comprendre le service via les sefirot ?

De plus, selon votre approche, tout service se fait par les sefirot, et je n'y vois aucune permission. Car nous ne pouvons échapper à ce qui suit : Si elles ne sont pas la Divinité elle-même, alors elles doivent pouvoir être séparées de Lui et exister comme des vases sans lumière, comme un corps sans âme. Pourtant, elles sont encore décrites avec les attributs mêmes de la Divinité - cela est inapproprié. Car "le Dieu des dieux est le Seigneur" (Psaumes 50:1), c'est-à-dire le Saint, béni soit-Il. Selon vos voies,

206

cela signifierait Chesed, Gevurah, Tiferet. Selon notre foi, il est impossible d'utiliser ces noms pour quelqu'un d'autre que l'Émanateur, béni soit-Il. Plutôt, "Tu n'auras pas d'autres dieux devant Moi" (Exode 20:3). Si vous répondez que la Divinité s'attache à elles à tel point qu'elles sont appelées par Son nom - une telle chose ne devrait jamais être prononcée, car vous donneriez une ouverture aux hérétiques, Dieu nous en préserve, et pire encore.

En résumé, ces questions sont très déroutantes. Maintenant, si vous avez les moyens de les résoudre, sinon entièrement, du moins en partie, je me réjouirais grandement.

Kabbaliste : Jusqu'à présent, vous vous êtes fait le témoin, le juge et le plaideur. Moi aussi, comme vous, je vous placerai entre Lui et moi comme arbitre. Votre raison sera celle que j'anticipe, comme vous. Mais inclinez votre oreille et mettez de côté votre désir juste un instant, jusqu'à ce que vous receviez la vraie connaissance avec un esprit clair. En effet, cela nécessite de la résolution et de la conciliation.

Philosophe : Parlez, et j'écouterai.

Kabbaliste : Vous vous trompez à tous points de vue.

Philosophe : Mais j'ai entendu beaucoup de vos kabbalistes dire les choses mêmes que j'ai dites.

Kabbaliste : Leurs paroles doivent être correctement comprises, et non prises superficiellement.

Philosophe : Maintenant, laissez-moi entendre une explication claire de votre part.

Cette sagesse enseigne l'unité de Dieu et l'intégrité de Sa gouvernance avec une grande sagesse

Kabbaliste : Le fondement de toute cette sagesse est l'unité de l'Émanateur, béni soit-Il, qu'Il est un de toutes les manières, sans aucun changement, pluralité ou contingence corporelle.

Philosophe : Le fondement est très bon, s'il peut supporter sa structure.

Kabbaliste : Toute la question de la sagesse de la Kabbalah n'est rien d'autre qu'une explication de l'attribut de Sa justice, béni soit-Il, l'ordre des lois de la gouvernance - comment le Saint, béni soit-Il, cause et gouverne toutes les affaires de Son monde avec une grande sagesse.

Philosophe : Si c'est ce que nous trouvions dans cette sagesse, nous trouverions quelque chose de grand. Cependant, je ne vois pas cette sagesse suivre ce chemin

Kabbaliste : Ne vous ai-je pas dit que vous vous trompez à tous points de vue ?

Philosophe : Je dis ce que j'ai recueilli des sujets que j'ai lus dans vos textes. J'ai vu que vous voulez expliquer la chaîne de développement - comment l'être créé émerge du Créateur, comme si le Créateur, béni soit-Il, était la substance primaire des créations, se développant à partir de Lui-même. Cette substance primaire se développe progressivement jusqu'à atteindre les créations elles-mêmes. Ce sont les sefirot et tout ce que vous exposez à leur sujet. Car vous dites que le Créateur, béni soit-Il, a placé Son propre nom et a été affecté d'une manière jusqu'à ce que Sa propre lumière se trouve être affectée et progressivement développée jusqu'au niveau le plus bas. Maintenant, si cette question pouvait vraiment être énoncée, ce serait très bien. Car ce développement serait certainement la cause de toutes les existences, et leurs variations causeraient les variations dans les affaires du monde. Par conséquent, il serait bon de le savoir, d'autant plus que la question se prête à lui attribuer toutes les mitzvot et le service, car il doit être ordonné selon sa bonne nature. Cependant, comme je l'ai préfacé, si cela pouvait être dit - car comment peut-on dire que la lumière du Créateur, béni soit-Il, est affectée ou se développe ? Vous-même avez déjà admis que les contingences ne s'appliquent pas à l'Émanateur, béni soit-Il.

Kabbaliste : Je reconnais tout cela, et au contraire, c'est le fondement de toute ma structure - que l'Émanateur, béni soit-Il, n'est soumis à aucune contingence corporelle. Mais j'ai dit que vous vous trompiez à tous points de vue, et je le répète. Il est impossible de dire de quelque manière que ce soit que Sa lumière, bénie soit-Elle, est elle-même affectée et se développe au point que le Créateur devienne une création. N'avez-vous jamais entendu que la création est quelque chose à partir de rien ? Si c'est le cas, comment peut-on parler de développement et d'affectation ?

Philosophe : Oui, vos paroles ont ajouté de l'eau, maintenant veillez à ajouter de la farine.

Kabbaliste : Mais vous verrez qu'il est impossible que de grands sages se trompent à ce sujet, comme ceux d'où la Kabbalah nous parvient. Cependant, je vous démontrerai que vous n'avez rien compris de ce que vous avez lu. Savez-vous expliquer ces niveaux mentionnés dans les sefirot, et toutes leurs variations mentionnées en tout temps, quel est leur bénéfice dans la création ? Comment l'action et l'acte en résulteront-ils en bas ? Mais informez-moi des détails, pas des généralités. Si vous savez cela, vous pouvez dire que vous avez compris ce que vous avez lu. Sinon, vous direz certainement que vous avez lu ce que vous n'avez pas compris.

Philosophe : Oui, en général, je vous dis qu'elles sont toutes des choses nécessaires pour permettre le développement du monde, et que par leurs différences dans leurs états, elles différencient les affaires du monde. Mais en particulier, je ne sais pas ce qu'elles sont - ni le qav (ligne) ni le reshimu (impression), ni Adam Kadmon, ni ses mondes, les tikunim (rectifications) des partzufim (visages) et leurs vêtements et intervalles - tout cela est nombreux. Ce sont des choses que j'ai lues mais dont je ne connais pas la nature. Je ne vois que de grandes difficultés en elles.

Kabbaliste : Si c'est le cas, vous ne savez pas. Je vais vous mettre sur une voie afin que vous puissiez voir ce que vous n'aviez pas considéré dans ces questions.

Philosophe : Parlez.

Kabbaliste : L'Émanateur, béni soit-Il, est certainement le Maître de la volonté, selon ce qu'Il a voulu et veut. Maintenant, nous pouvons parler de Lui sous deux aspects : en termes d'essence et en termes de volonté. Admettez-vous cela ou non?

Philosophe : Certainement, nous pouvons parler de n'importe quel sujet en termes de chaque aspect de manière indépendante. Par exemple, lorsqu'on parle des affaires d'une personne, la personne est appelée le sujet des discussions, c'est-à-dire que les qualités dont on parle à son sujet sont appelées l'aspect ou les aspects d'elle. Nous pouvons discuter d'un aspect de la personne - qu'elle est érudite, charitable ou sage. Chacun d'eux est un aspect indépendant que nous pouvons discuter concernant chaque sujet en soi.

Kabbaliste : En ce qui concerne l'essence de l'Émanateur, béni soit-Il, il nous est interdit d'en parler, et nous n'avons même pas besoin de nous y plonger du tout. Car il nous suffit de connaître Son existence. Lorsque nous savons qu'Il est la perfection ultime, qu'Il est omnipotent - nous savons ce que nous devons savoir en la matière. Au-delà de cela, il nous est déjà interdit même d'en parler. Par conséquent, nous ne parlerons plus de Son essence, seulement de Sa volonté, car c'est plus proche de nous et c'est permis, puisque nous ne touchons pas du tout à Son essence.

Philosophe : Il est bon de parler de Sa volonté. Mais que pouvez-vous dire ? Sa volonté n'a pas de fin, Sa pensée n'a pas de limite. Que pouvez-vous rechercher à propos de ce qui n'a pas de bornes ou de finitude ?

Kabbaliste : C'est précisément ce que je voulais vous faire admettre, que vous admettiez qu'il n'y a pas de fin à Sa volonté et à Sa pensée. Désormais, vous ne pourrez plus me fuir concernant ce que je souhaite vous transmettre. S'il vous plaît, dites-moi, vous croyez certainement en la récompense et la punition, car c'est l'un des fondements de la foi. Mais dites-moi365: Il y a des actes dans le monde pour lesquels le Saint, béni soit-Il, désire bénéficier à ceux qui les font, et il y en a pour lesquels Il désire punir. Il y a un temps où Il élève et un temps où Il abaisse ; un temps où Il appauvrit et un temps où Il enrichit.

Si c'est le cas, dans Sa volonté il y a certainement une volonté de bienfaisance, une volonté de nuisance, une volonté d'abaissement et une volonté d'élévation. Tout cela est certainement dans l'ordre, car il y a un ordre dans la gouvernance. Si c'est le cas, nous pouvons certainement discuter de tout cela, puisque nous ne touchons pas du tout à Son essence, bénie soit-Elle. En résumé, ce sont les attributs de Sa volonté que nous pouvons certainement étudier et connaître.

www.ingramcontent.com/pod-product-compliance
Lightning Source LLC
LaVergne TN
LVHW091044170726
843494LV00001B/60